E. Gufeld

# DIE SCHACHJUGEND GREIFT AN

Edition
BEYER

C. BANGE VERLAG – HOLLFELD

Bearbeitet von Sergiu Samarian

ISBN 3-8044-1367-6

© 1992 by C. Bange Verlag, 8607 Hollfeld/Ofr.

Alle Rechte vorbehalten!

Umschlaggestaltung: Grafikatelier Czernetzki & Holstein, Leipzig

Bindearbeiten: Gutenberg-Buchbinderei, Leipzig

Druck: Beyer-Druck, Langgasse 23, Hollfeld

# Inhaltsverzeichnis

**Zeichenerklärung**

| | |
|---|---|
| ± | Weiß steht klar besser |
| ∓ | Schwarz steht klar besser |
| ⩲ | Weiß steht etwas besser |
| ⩱ | Schwarz steht etwas besser |
| +- | Weiß steht auf Gewinn |
| -+ | Schwarz steht auf Gewinn |
| ∞ | unklar |
| ⧝ | mit Kompensation für den materiellen Nachteil |
| ! | ein guter Zug |
| !! | ein ausgezeichneter Zug |
| ? | ein schlechter Zug |
| ?? | ein grober Fehler |
| !? | ein beachtenswerter Zug |
| ?! | ein zweifelhafter Zug |
| △ | mit der Idee |
| ⌓ | besser ist |
| X | schwacher Punkt (bzw. schwache Figur) |

# Vorwort

Eduard Gufeld muß wohl über seherische Fähigkeiten verfügen: Vor einem Jahr, als er diese Zusammenstellung der besten Partien von vier Schach-Jungstars begann, befanden sich Short und Anand noch auf dem 13. bzw. 14. Platz der Weltrangliste. Heute nehmen sie die Plätze 4 und 5 ein.
Die Rangfolge auf der Eloliste vom Januar 1992 der FIDE:

1. Kasparow (Weltmeister)
2. Karpow (Exweltmeister)
3. **Iwantschuk**
4. **Short**
5. **Anand**
6. **Gelfand**

Die Schachjugend greift an, und die Etablierten werden sich ihres Ansturms erwehren müssen. Die vier vorgestellten Spieler haben den beiden „großen K" in den letzten Turnieren bereits heftig zugesetzt, weitere Talente wie Judit Polgar, Gata Kamsky, Alexej Schirow oder Michael Adams stehen auf der Schwelle zu ähnlichen Erfolgen. In den neunziger Jahren dürfen sich die Schachfreunde auf spannende Kämpfe auf den 64 Feldern freuen.

Der Verlag wünscht Ihnen viel Freude bei der Begegnung mit den interessantesten Spielern der Gegenwart.

**Wassili Iwantschuk** (* 18. 3. 1969), Elo 2720, Ukraine, Großmeister seit 1988.
Iwantschuk blickt auf ein erfolgreiches Jahr 1991 zurück: Er siegte 1991 in Linares, teilte in Reykjavik den 1./2. Platz und wurde in Reggio Emilia Zweiter (hinter Karpow). Getrübt wird diese Bilanz nur durch sein Ausscheiden aus dem WM-Zyklus (er unterlag Artur Jussupow).

**Boris Gelfand** (*24.6.1968), Elo 2665, Weißrußland, Großmeister seit 1989.
Gelfand erlebte 1991 mehrere Rückschläge (Zwölfter in Linares, Fünfter in München), meldete sich vor kurzem aber wieder mit alter Frische zurück: Das Belgrader Turnier „Investbanka" gewann er, in Reggio Emilia teilte er mit Garri Kasparow den zweiten Platz.

**Viswanathan Anand** (*11.12.1969), Elo 2670, Indien, Großmeister seit 1988.
Der „Tiger von Madras" tauchte in der absoluten Weltspitze erst 1991 auf, doch spätestens seit seinem Sieg in Reggio Emilia (zur Jahreswende 1991/92) steht der ungewöhnlich schnell spielende Inder im Mittelpunkt des Interesses. In diesem stärksten Turnier aller Zeiten wurde erstmals in der Schachgeschichte die Kategorie 18 erreicht.

**Nigel Short** (*1.6.1965), Elo 2685, England, Großmeister seit 1984.
Short ist als einziger der vorgestellten Vier noch im laufenden WM-Zyklus vertreten. In den Kandidatenkämpfen schlug er Gelfand. Im Halbfinale trifft er auf Exweltmeister Anatoli Karpow, der sich nur mit einiger Mühe gegen Anand durchzusetzen vermochte. Weitere Turniererfolge 1991: 1./2. Platz in Amsterdam (vor Karpow und Kasparow), 2. Platz in Tilburg.

# Spielerverzeichnis

Die Zahl bezeichnet die Nummer der jeweiligen Partie.

# Kommentatorenverzeichnis

Die Zahl bezeichnet die Nummer der jeweiligen Partie (in Klammern: Anzahl der kommentierten Partien).

# Iwantschuk

**1**
Nimzowitschindisch (E 41)
**Iwantschuk - Hellers**
Baguio City 1987

1.d4 Sf6 2.c4 e6 3.Sc3 Lb4 4.e3 c5
5.Ld3 Sc6 6.Se2 cd4 7.ed4 d5 8.cd5
Dd5 9.0-0 Dh5 10.Se4 Se4 11.Le4 Ld6
12.Lf4 Lf4 13.Sf4 Dd1?! [13...Dg5!±]
14.Tfd1± Ld7 15.Sd3! [15.d5? ed5
16.Sd5 (16.Ld5 0-0 =; 16.Td5 0-0-0 =)
16...0-0-0!] 15...Tc8 [15...Sd4? 16.Lb7
+-; 15...b6? 16.Se5 Tc8 17.Lc6 Lc6
18.Tac1 Lb7 19.Tc8 Lc8 20.Tc1 0-0
21.Tc7 a5 22.Sf7 +-; 15...Td8 16.d5 ed5
17.Ld5 0-0 (17...Lg4? 18.Te1 Se7
19.Lf7 +-; 17...b6 18.Tac1±) 18.Sc5
Lc8 19.Lc6 bc6 20.f3±]

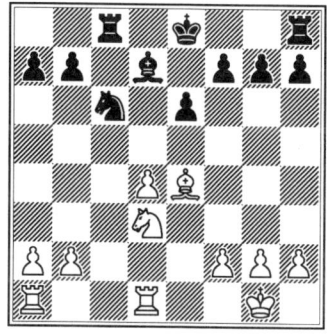

**16.d5!** [16.Sc5? b6 17.Sd7 Kd7 18.d5
Se7! 19.de6 Ke6=] **16...ed5 17.Ld5 b6!**
[17...0-0? 18.Sc5 Tc7 19.Sd7 Td7
20.Lc6 Td1 21.Td1 bc6 22.Td7 +-]
**18.Te1 Kf8** [18...Se7 19.Te3] **19.Tad1!**
[19.Se5? Se5 20.Te5 Tc5! 21.Tae1
(21.Td1 Le6 =) f6 22.b4 Tb5 23.a4 fe5
24.ab5 Ke7! =; 19.Tac1 g6 20.Lc6 Lc6!
21.Se5 Lb7 22.Tc8 Lc8 23.Tc1 Le6
24.Tc7 Kg7 (24...La2? 25.Ta7 ±;
24...a5!?) 25.Ta7 Tc8 26.h3 Tc1 27.Kh2
Tc2=] **19...g6?** [19...h5! 20.Sf4 Sb8±]

20.Se5 Se5 21.Te5 Te8 [21...Tc5 22.b4
Tb5 23.Te4! Kg7 24.Lf7+-; 21...Kg7
22.Te7! (22.Lf7? Lg4! 23.f3 Lf3! =) Thd8
23.Tf7 Kh6 24.Lf3 +-] **22.Te8 Le8
23.Tc1 Ke7 24.Tc8 Tf8 25.Ta8 a5
26.Ta6 +- Kd6 27.Lb3 Lb5** [27...Kc5
28.Ta8] **28.Tb6 Kc5 29.Tb7!** [29.Tf6??
a4∓] **a4 30.Lf7 Td8 31.h4 Td1 32.Kh2
Td2 33.Kg3 Tb2 34.Le8 h6** [34...a3
35.Tb5 Tb5 36.Lb5 Kb5 37.Kf4 Kc4
38.Ke3 Kc3 39.g4 Kb2 40.Kd2 Ka2
41.Kc2 h5 (41...Ka1 42.g5! +-) 42.g5
Ka1 43.f4 a2 44.f5 +-] **35.h5 g5** [35...gh5
36.Tb5 Tb5 37.Lb5 Kb5 38.f4 +-] **36.Tb5
Tb5 37.Lb5 Kb5 38.f4 gf4 39.Kf4 Kb4
40.g4 Ka3 41.g5 hg5 42.Ke3!** [42.Kg5??
Ka2 43.h6 a3 44.h7 Kb1 45.h8D a2 =]
**1:0** (Iwantschuk)

**2**
Königsindisch (E 95)
**Lalew - Iwantschuk**
Lwow 1988

1.c4 Sf6 2.Sf3 g6 3.Sc3 Lg7 4.e4 d6
5.d4 0-0 6.Le2 Sbd7 7.0-0 e5 8.Te1 c6
9.Lf1 ed4 10.Sd4 Sg4 11.Dg4 Ld4
12.Le3 Sc5 13.Dd1 Le5 14.Dd2 Te8
15.f3 a5 16.Tad1?! Df6 17.Lg5 Dh8!∓
18.f4? [18.Tc1] Lc3 19.bc3

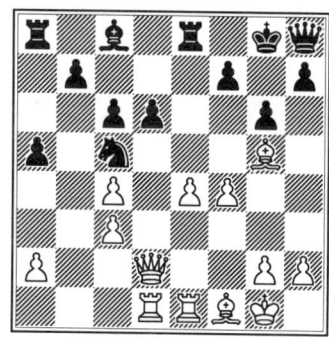

**19....Se4!** [19....h6? 20.Le7!! Lg4 (20...Te7 21.Dd6 Te4 22.Dc5 Te1 23.Td8 Kh7 24.Th8 Kh8 25.Df8 +-) 21.Dd6! Ld1 22.Dc5 Lg4 23.e5±; 19...Lg4? 20.e5!! de5 21.fe5 Sd7 (21...Te5? 22.Dd8! Td8 23.Td8 Kg7 24.Te5 +-) 22.Tb1∞] **20.Te4** [20.Ld3 Lg4!! 21.Le4 Ld1 22.Dd1 Dc3∓] **20...Te4 21.Dd6 Lg4! 22.Td4?** [22.Lf6 Df6! 23.Df6 Ld1∓] **Te6 -+ 23.Dc7 Tae8 24.c5 Le2 0:1** (Iwantschuk)

**3**

Grünfeldindisch (D 97)
**Iwantschuk - Kotronias**
Lwow 1988

**1.d4 Sf6 2.Sf3 g6 3.c4 Lg7 4.Sc3 d5 5.Db3 dc4 6.Dc4 0-0 7.e4 Sa6 8.Le2 c5 9.d5 e6 10.0-0 ed5 11.ed5 Lf5 12.Lf4 Te8 13.Tad1 Sd7 14.Db3** [14.Lg5] **14...Sb4!** [14...Lc3? 15.La6±] **15.Td2 Sb6** [△ Sd3!]

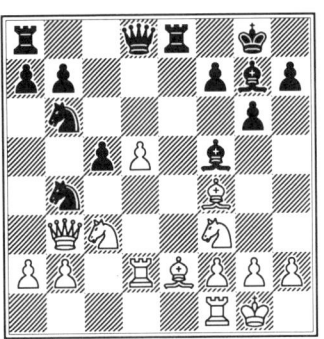

**16.Lb5** [16.Lg5 Dc8! 17.Sb5? Te2!? 18.Te2 Ld3 -+; 17.Lb5] **Ld7 17.Lg5 Dc8!** [17...Lf6? 18.Lf6 Df6 19.Ld7 Sd7 20.a3 +-] **18.Tc1** [18.a3 Lb5 19.Sb5 Dd7 △ 20.Sc3 Sd3!; 18.Le3!? a) 18...a6?! 19.Ld7! (19.Le2?! Lc3! 20.bc3 La4 21.Da3 S4d5 22.Lc5 Lb5!) Sd7 20.Sa4 (20.d6!±) b5? 21.Sc5! Te3 22.Db4 Tf3 23.Sd7 +-; b) 18...Sd3?! 19.Td3! c4

20.Lc4 Dc4 21.Tfd1±; c) 18...Td8! 19.Le2 (19.Tfd1?! Lb5! 20.Sb5 a5∓) c1) 19...Lc3? 20.bc3 S4d5 (20...La4 21.Da3 S4d5 22.Lg5 f6 23.c4 fg5 24.cd5±) 21.Td5 Sd5 22.Dd5 Lb5 23.De5! Te8 (23...f6 24.Df6 Le2 25.Lh6 Dc7 26.De6 +-) 24.Lb5 Te5 25.Se5±; c2) 19...a5 20.Tc1 a4 21.Dd1±; c3) 19...Lf5! (△ Sd3!) 20.Lg5 Te8 21.Lb5 Ld7 22.Le3 =] **18...a5!** [18...Lc3? 19.bc3 Lb5 20.cb4 c4 21.Dc3±; 18...Lb5!? 19.Sb5 Dd7 20.Tc5 Sa6 21.Tcc2!? (21.Tc1 Tac8 22.Sc3 Sc5 23.Dd1 Sc4 24.Tdc2 b5 △ 25.b4? Sa6!) 21...Tec8! (21...Tac8 22.Sa7! Tc2 23.Dc2! Sd5 24.Db3±) 22.Sc3 h6!⩲] **19.Sa4** [19.Lf1 c4 20.Dd1 a4! △ 21.Le3 (21.a3 Sa6 △ Sc5) Te3! 22.fe3 Dc5] **c4! 20.Dd1 Sa4 21.Da4 Lb5 22.Db5 Df5! 23.h4!** [23.h3? Sd3! 24.Tc4 Se1!!]

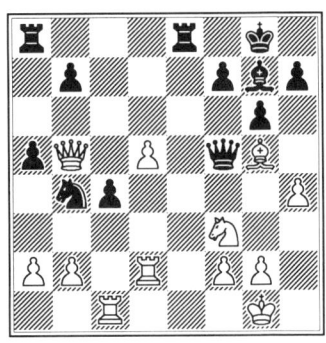

**23...c3??** [23...f6? 24.Le3 Te3 25.fe3 Lh6 26.Te1 Sd3 27.e4 △ Td3 +-; 23...Sd3?! 24.Tc4 Se1 25.Sh2?! Db1 (25...Sd3? 26.g4!! +-) 26.Sf1 Sd3 (△ Df1!) 27.Le3!± △ 27...Lh6? 28.Td3 Dd3 29.Lh6 +-; 23...h6! 24.Le3 a) 24...Tad8? 25.Lb6! +-; b) 24...Ted8! 25.a3 (25.Tc4 Sd5 =) Sd3! 26.Tc4 Dd5!; c) 24...Sa2!? 25.Tc4 Db1 26.Kh2 Sc3! (26...Lc3? 27.Db3!! Ld2 28.Sd2 De1 29.Se4! +-) 27.Db6 (27.Db7? Se4 △ Sd6) Se4 28.Tde2 Tad8∞] **24.bc3 +- Tec8 25.c4 Sd3 26.Tb1 Lc3 27.Te2 Lb4 28.Td1 Lc5**

[Zeitnot] 29.d6! h6 30.d7 Tf8 [30...hg5 31.Te8 Te8 32.de8D Te8 33.De8 Kg7 34.Td3 Dd3 35.De5 +-] 31.Lh6 [31.Td3! Dd3 32.Td2 +-] Tfd8 32.Te8 Kh7 33.Le3 b6 34.Sg5 Kg7 35.Td3 Dd3 36.Db2 f6 37.Se6 Kh7 38.Df6 Td7 1:0 (Iwantschuk)

4
Grünfeldindisch (D 97)
Iwantschuk - A. Michaltschischin
Lwow 1988

1.d4 Sf6 2.c4 g6 3.Sc3 d5 4.Sf3 Lg7 5.Db3 dc4 6.Dc4 0-0 7.e4 a6 8.Db3 c5 9.dc5 Sbd7 10.Da3 Dc7 11.Le3 Sg4 12.Lg5 Sgf6 13.Tc1!? [13.Le3 Sg4 =; 13.Le2!?] Dc5 14.Dc5 Sc5 15.e5 Sfe4 [15...Sfd7 16.Le7 Te8 17.Sd5 Se6 18.Ld6 b5 19.Ld3! △ Le4±] 16.Le7 Te8 17.Sd5 Le6 [17...Lg4?! 18.h3!; 17...b6 18.Lc5! (18.Sb6?! Tb8) Sc5 19.Sc7 Lb7 20.Sa8 La8 21.Le2 Lf3 22.gf3 Te5 23.Kf1±] 18.Sc7 Te7 19.Sa8

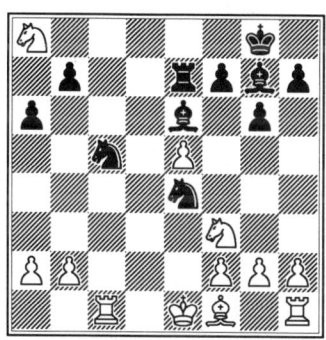

19...La2?! [19...Lh6!? 20.Tc2 (20.Td1 Sa4 21.Ld3 Sec5⧄) La2 21.b4 Lb3! 22.Tc5! (22.Tb2? Lc1 23.Tb1 La3! 24.bc5 Lb4 -+) Sc5 23.bc5 Ld5 24.Le2 Lf3 25.gf3 (25.Lf3 Te5 26.Kd1 Tc5 27.Te1 b5⧄) Te5 26.Sb6 Tc5 27.0-0 Lf4!⧄] 20.Le2! [20.b4?! Le5! 21.Se5 (21.bc5? Lc3∓) Te5 22.Le2! (22.f4? Te8!

23.Sc7 Te7!∓) Sa4⧄] 20...Le5 21.Se5 Te5 22.0-0± Sb3 23.Tcd1! Sc3?! [23...Sg3 24.fg3 Te2 25.Tf2±] 24.Td8 Kg7 25.La6! ba6 26.bc3 Tc5 27.Sb6! [27.Td3? Tc6! △ a5] Tc3 28.Tc8 Tc8! 29.Sc8 a5? [29...Sd4±] 30.Sb6 +- Kf6?? [30...Sd4 31.Ta1 Se2 32.Kh1! Sc3 33.Sa4! +-] 31.Sd5 Ke5 32.Sc3 1:0 (Iwantschuk)

5
Französische Verteidigung (C 06)
Iwantschuk - Foisor
New York 1988

1.e4 e6 2.d4 d5 3.Sd2 Sf6 4.e5 Sfd7 5.c3 c5 6.Ld3 Sc6 7.Se2 cd4 8.cd4 f6 9.ef6 Sf6 10.Sf3 Dc7 11.0-0 Ld6 12.Sc3 a6 13.Lg5 0-0 14.Lh4 Sh5 15.Te1 g6 16.Lg5 Dg7 17.Le3 Ld7 18.Lf1 Sf4!? [18...h6; 18...Tf6; 18...Tae8]

19.g3 g5 20.Kh1 Kh8!? [20...g4!? 21.Sh4 (21.Se5?! Le5! 22.de5 Sg6!) Sg6! (21...Le7?! 22.gf4 Lh4 23.Le2 △ Tg1±) 22.Sg6 (22.Dg4 e5 23.Dh5 Sh4 24.Dh4 Sd4∞) Dg6 23.Ld3 Dg7 24.Le2 e5! 25.de5 Se5 26.Dd5 Df7 27.Df7 (27.Dd6 Lc6 28.Kg1 Sf3 =) Tf7 28.Kg1 Lc6 29.Lf4 (29.Tad1 Lb4⧄) Lc5!⧄] 21.gf4 gf4 22.Ld2 Tg8 23.Se2! Taf8 24.Db3 Lc8? [24...Le8!⧄] 25.Lh3 e5 [25...Dh6!

26.Se5! Se5 27.de5 Le5 28.Lc3±]
26.Tg1! +- Lh3 27.Tg7 Tg7 28.Tg1 Lg4!
[28...Tfg8] 29.Tg4! Tg4 30.Dd5 Lb8
31.Lc3 1:0 (Iwantschuk)


6
Spanische Partie (C 82)
**Iwantschuk - Tukmakow**
New York 1988

1.e4 e5 2.Sf3 Sc6 3.Lb5 a6 4.La4 Sf6
5.0-0 Se4 6.d4 b5 7.Lb3 d5 8.de5 Le6
9.Sbd2 Sc5 10.c3 Le7 11.Lc2 Lg4
12.Te1 0-0 13.Sf1 Lh5 14.Le3?! [ⵁ
14.Sg3] Lg6?! [14...Se4?! 15.Lf4!±;
14...Se5! 15.Lc5 Sf3 16.Df3! Lf3 17.Le7
Dd7 18.Lf8 Lg2! 19.Lc5! (19.Kg2?! Tf8∓)
Lf1 20.Kf1! 20.Dh3 21.Kg1 Dg4 22.Kh1!
=] 15.Sg3 Te8 16.h4! Lc2 [16....Sd7?!
17.Lb3!±] 17.Dc2 Sd7 18.Lf4! Sf8
[18...Lh4?! 19.Sf5 Le7 20.e6! Sf8
(20...Sf6 21.ef7 Kf7 22.Sg5 Kg8
23.Se6+-) 21.ef7 Kf7 22.Tad1±]

19.h5 Se6 20.Le3 Sa5 21.Tad1 Sc4
[21...c5? 22.Sf5! Sc4 (22...Lf8 23.Sd6!
Ld6 24.Td5±) 23.Se7 Te7 24.Lg5! Sg5
25.Sg5±] 22.Lc1 c5 23.Df5 Ta7?! [ⵁ
23...Dd7 24.Te4 Tad8 25.Tg4 Kh8!]
24.Se4! Sb6 25.Seg5 Lg5 26.Lg5! Dc8
27.Le3 h6? [27...Td7 28.b3!±] 28.Sh4!
Tc7?! [28...Kh8!] 29.Dg4 Sg5 30.Sf5!
Te5 31.Lf4 Df5 32.Df5 Tf5 33.Lc7 +-

Sd7 34.f4! Se6 35.g4 Sc7 [35...Tf6
36.Td5 +-] 36.gf5 Kf8 37.Te2 Sb8
38.Te5 1:0 (Iwantschuk)


7
Spanische Partie (C 92)
**Iwantschuk - Kruppa**
Frunse 1988

1.e4 e5 2.Sf3 Sc6 3.Lb5 a6 4.La4 Sf6
5.0-0 Le7 6.Te1 b5 7.Lb3 d6 8.c3 0-0
9.h3 Te8 10.d4 Lb7 11.Sbd2 Lf8 12.a4
h6 13.Lc2 ed4 14.cd4 Sb4 15.Lb1 c5
16.d5 Sd7 17.Ta3 c4 18.ab5 ab5
19.Sd4 Ta3 20.ba3 Sd3 21.Ld3 cd3
22.Te3 Se5 [22...Sc5!] 23.S4f3! Sc4
[23...Sf3 24.Tf3!±; 23...f5 24.Se5 Te5
25.Lb2 Te8? 26.Db3 fe4 27.Se4 d2
28.Dd3! △ Sf6! +-; ⵁ 25...Te7!] 24.Td3
Dd7?! [24...g6!±] 25.Sc4! bc4 26.Te3±
f5 27.Sd2 Tc8?! [27...fe4 28.Se4 Df7
29.Sc3±; 27...Df7 28.Sc4 fe4 29.Sb6
Dc7 30.Tb3 △ Le3 ±] 28.Lb2 Db5?

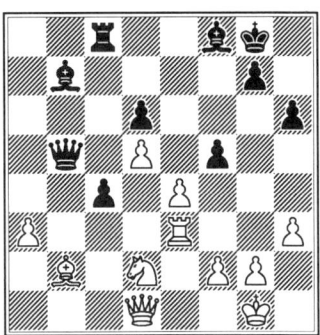

29.Da1! +- fe4 30.Tg3 Tc7 [30...c3
31.Lc3 Tc3 32.Dc3 Ld5 +-] 31.Se4 Ld5
[31...Kh8 32.Dc1! △ Dh6] 32.Sf6 Kh8
[32...Kf7 33.Sd5 Dd5 34.Lg7] 33.Db1!
Le4 [33...gf6 34.Lf6; 33...Lg8 34.Dg6! △
Dh6] 34.De4 [34...gf6 35.Lf6 Lg7 36.Dg6
Db7 37.Dh6 Kg8 38.Dg7 Tg7 39.Tg7
Dg7 40.Lg7 Kg7 41.Kf1 +-; 34.Se4!?
Tb7 35.Sf6! +-] 1:0 (Iwantschuk)

## 8
Französische Verteidigung (C 07)
**Iwantschuk - Glek**
Frunse 1988

1.e4 e6 2.d4 d5 3.Sd2 c5 4.ed5 Dd5
5.Sgf3 cd4 6.Lc4 Dd6 7.0-0 Sf6 8.Sb3
Sc6 9.Sbd4 Sd4 10.Sd4 a6 11.Lb3!?
**Ld7 12.**c3 **Dc7 13.**Lg5 [13.Df3] **Se4?**
[13...0-0-0 14.Lf6 gf6 15.Dh5 Le8
16.Tad1±; 13...Ld6!? △ 14.Lf6 gf6
15.Dh5 Dc5! 16.Df3 De5 17.g3 0-0-0
18.Tfe1 Dg5 19.Lc4±] **14.Lh4!**± [14.Le3
Sf6!±] **Df4** [14...g5 15.Dc2!±]

**15.g3!** [15.Lg3?! Sg3 16.fg3!? De3
17.Kh1 Le7 18.Tf7?! Kf7 19.Sf5 Dg5
20.Dd7 Df5 21.Te1 Kf8! 22.g4 (22.Le6
Df2!) Df4 (22...Df2 23.De6!) △ 23.De6?
Ld6! -+] **15...Dh6 16.De2** [16.Te1?! Sf2!
17.Kf2 g5∞] **Sd6 17.f4?!** [♙ 17.De5! △
17...f6? 18.Se6!! fe5 19.Sc7 Glek] **Sb5
18.Sf5 Lc5?** [18...Dg6 19.Lc2 f6!! △
20.Sd6?! Sd6 21.Lg6 hg6⩱] **19.Kg2 +-
Dg6 20.Lc2 f6** [20...Kf8 21.Se7! Dh6
22.Lg5 +-; 20...Lc6 21.Kh3 Kf8 22.Sd4
(22.Se7? Le7!) Dh6 (22...Sd4 23.cd4
Lb5 24.Db5! +-) 23.Sc6 bc6 24.Kg2! +-]
**21.Sg7! Dg7 22.Dh5 Df7 23.Dc5 Tc8
24.De3 0-0 25.Tad1 Lc6 26.Kg1 Ld5
27.f5 Tc6 28.Lf6! Df6 29.fe6 Te6**
[29...De6? 30.Dg5 +-] **30.Dd3 Dh6
31.Dd5 De3 32.Kh1 Tf1 33.Tf1 Sd6
34.Lb3 1:0** (Iwantschuk)

## 9
Nimzowitschindisch (E 20)
**Malanjuk - Iwantschuk**
UdSSR 1988

1.d4 Sf6 2.c4 e6 3.Sc3 Lb4 4.f3 d5 5.a3
Le7 6.e4 de4 7.fe4 e5 8.d5 Sg4 9. Sf3?!
**Lc5 10.b4 Lf2 11.Ke2 c5!!**∓ **12.Sb5**
[12.h3 Ld4!∓; 12.dc6 Ld4!∓; 12.bc5
Lc5∓] **a6! 13.Da4 ab5!!** [13...0-0
14.h3±] **14.Da8 Ld4! 15.Sd4?** [15.Ta2
Sd7∓; 15.Db8 La1∓] **cd4**

**16.Db8 0-0 -+ 17.Ke1** [17.h3 Dh4! -+]
**Dh4! 18.g3 Df6 19.Lf4!** [19.Ta2 Df3
20.Lg2 Dc3 21.Ld2 Db3 -+] **g5?**
[19...d3!! 20.Tc1 (20.Ld3 ef4 -+; 20.Td1
bc4 -+) ef4 21.Df4 Dd4!-+ △ 22...bc4, △
22...d2! 23.Dd2 De4] **20.c5!! ef4 21.Dd6
Dg7 22.Ld3 Se5!?** [22...f5?! 23.e5! Se5
24.Kd2] **23.Kd2 f3** [23...f5 24.gf4
(24.Tae1!?) Sd3 25.Kd3 fe4 26.Ke4 Tf4
27.Df4!! gf4 28.Tag1 Lg4 29.h3∞]
**24.Lb5 g4 25.De7! Sg6!?** [25...Dh6
26.Kc2 De3 27.De5 Dc3 28.Kb1 Db3=]
**26.Dg5?!** [26.Dd6! Se5! (26...Dh6?
27.Kc2 De3 28.Ld3±) 27.De7! =] **h6
27.Dh5 d3! 28.Ld3??** [28.Kd3 Db2!∓;
28.e5!] **Te8!! -+** [✕ Dh5] **29.h3 Te5
30.hg4 Th5 31.gh5 Se5 32.Tae1 Dg5
33.Kc2 f2 34.Td1 De3 0:1** (Iwantschuk)

## 10
Damengambit (D 48)
**Charitonow - Iwantschuk**
UdSSR 1988

1.d4 d5 2.Sf3 Sf6 3.c4 e6 4.Sc3 c6 5.e3
Sbd7 6.Ld3 dc4 7.Lc4 b5 8.Ld3 a6 9.e4
c5 10.d5 c4 11.Lc2 Dc7!? [11...e5]
12.0-0 Lc5 13.De2?! [◌ 13.de6] e5!
14.Sh4?! [◌ 14.Sd1 △ b3] 0-0 15.Kh1

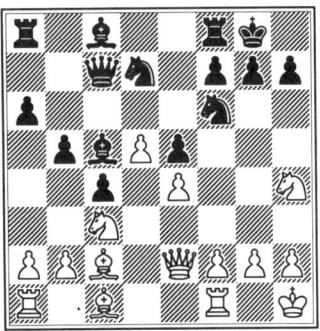

15...Ld4!∓ 16.Sf5?! Sc5 17.Df3 Lf5
18.Df5 Dc8! 19.Df3 Dg4 20.Dg4 Sg4
21.Sd1 f5! -+ 22.ef5 Sf6 23.Se3 Tad8?!
[23...e4!] 24.a4 Sd5 25.ab5 ab5 26.Ta5
Sc7! 27.Ld2 Ta8 28.g4 e4 29.Kg2 Sd3
30.Tb1?! Le3! -+ 31.fe3 Ta5 32.La5
Sd5 33.Ld2 Ta8 34.Kg3 b4 35.Ld3 cd3
36.Tc1 Ta2 37.Tc5 Tb2 38.Td5 Td2
39.Kf4 Tc2 40.Ke5 [40.Ke4 d2 41.Kf3
b3 42.Ke2 b2 43.Tb5 d1D-+] b3 41.Td8
Kf7 42.Td7 Kf8 0:1 (Iwantschuk)

(11...cd4?! 12.ed4!±) 12.bc4?! Tfd8⹀;
12.Sc4 =] **Tac8** [11...a5!? (△ a4) 12.Lb5
Sa7] **12.Tac1 Tfd8 13.h3 Db8 14.Ted1
Ld6!∓** [△ e5] **15.dc5?!** [15.c4 cd4
16.ed4∓] **bc5 16.c4** [16.Lf6 gf6 17.c4
d4∓] **d4!∓** [16...Se5 17.Se5 Le5 18.Le5
De5 19.Sf3 =] **17.ed4 Sd4 18.Ld4 cd4
19.b4**

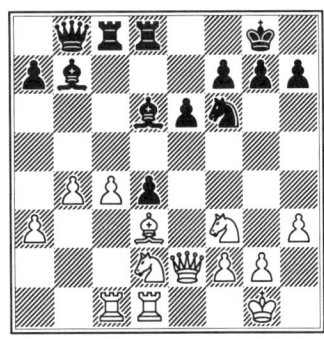

19...Sh5! 20.c5 [20.Sg5? Lh2! -+;
20.g3? Lg3 -+] Sf4 21.Dg1 Le7 22.La6?
[22.g3 Sd3 23.Dd3∓] d3 -+ 23.Lb7 Db7
24.Te1?! [◌ 24.Tc4 Se2 25.Kh1] Dd5!
[△ 25...Se2 26.Te2 de2 27.De2 Dd3]
25.Tc4 Se2 26.Kh1 Lf6! [△ 27...Lc3,
27...Lb2] 27.Te2 de2 28.De2 Dd3
29.Dd3 Td3 30.Se4 [30.a4 Tc3!?] Lb2
31.c6 f5 32.Sed2 [32.Seg5 Td6 -+] La3
33.b5 Td5 34.Ta4 Ld6 35.Ta7 Tb5
36.Sd4 Td5 37.S2f3 Lc5 38.Td7 Ld4
39.Td5 ed5 40.Sd4 Kf7 0:1 (Iwantschuk)


## 11
Damenindisch (A 47)
**Jusupow - Iwantschuk**
UdSSR 1988

1.d4 Sf6 2.Sf3 e6 3.e3 c5 4.Ld3 b6 5.
0-0 Lb7 6.Sbd2 Le7 7.Te1?! 0-0 [7...cd4]
8.b3 Sc6 9.a3 d5 10.Lb2 Dc7 11.De2?!
[11.dc5?! bc5 12.c4 d4! △ 13.ed4 Sd4
14.Sd4 cd4 15.Ld4 Dd7; 11.c4 dc4


## 12
Sizilianisch (B 84)
**Iwantschuk - M. Ghinda**
Thessaloniki 1988

1.e4 c5 2.Sf3 d6 3.d4 cd4 4.Sd4 Sf6
5.Sc3 e6 6.Le2 a6 7.0-0 Le7 8.a4 Dc7?!
[8...Sc6] 9.Le3?! [9.f4; 9.a5!±] b6! 10.f4
Lb7 11.f5?! [11.Lf3 Sbd7 12.f5 e5
13.Sb3 - Zugumstellung] 11...e5 12.Sb3

Sbd7 [12...Se4!? 13.Sd5 Dc6! 14.Se7 (14.Sb6?? Sc5! -+) Ke7 15.Lf3 Sd7 16.Sd2 d5? 17.c4!±; 16...Sdf6∞; 14.c4!?] **13.Lf3 Tc8** [13...0-0] **14.Tf2 Db8?!** [14...0-0 15.g4 h6 16.g5!? (16.h4?! d5!) hg5 17.Lg5 Sc5!∞; 14...h6!? 15.g4 Db8 △ Tc3] **15.Sd5!± Sd5 16.ed5 Sf6 17.Dd3** [17.Lb6? Ld5 -+] **Dc7 18.c3 0-0** [18...Dc4 19.Dc4 Tc4 20.Sd2 Tc8 21.c4±] **19.Sd2 Tfe8 20.Te2!** [20.g4?! e4! 21.Se4 Sd5 22.Ld2 Sf6∞] **h6 21.Lf2 Sd7** [△ 22...Sc5 23.Lc5 (23.Dc2 b5) Dc5 24.Kh1 b5] **22.Tee1!** [22.Se4 Dc4 (22...Sf6!?) 23.Dc4 Tc4 24.b3 Tc7 25.c4 a5 =] **Kf8** [22...Sc5 23.Df1 X b5] **23.h3 Sc5 24.Df1 a5?** [24...Sd7!±] **25.Se4! La6** [25...Ld5 26.f6! (26.Sc5? Lf3 27.Sa6 Tb7 28.gf3 Ta8 -+) gf6 27.Le3! mit Angriff] **26.Le2 Le2** [26...Se4 27.La6 Sf2 28.Df2! (28.Lc8? Sh3 29.gh3 Dc8∓) Tb8 29.Lb5 Ted8 30.Lc6 +-] **27.De2** [27.Te2!?] **Se4 28.De4 Ld8** [△ Dc4]

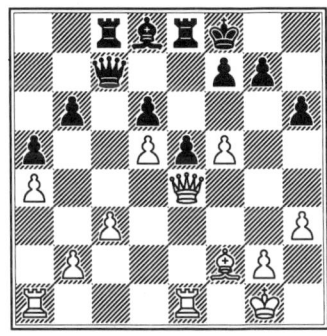

**29.Dc2!!** [29.Tac1? Dd7! △ b5∓; 29.Tad1? Dd7! △ b5∓; 29.Tec1?! Dc4 30.Dc4 Tc4 △ 31...Tf4 32.g4 h5] **29...Dc4** [29...Dd7 30.Dd3±] **30.Tad1 Dc7** [30...b5? 31.Te4 +-] **31.g4!** [X f5!] **Dd7 32.Db3!± e4??** [32...Tb8±] **33.Td4 +- e3 34.Te3 Te3 35 Le3 De7 36.Lf2 De2 37.Db5 De5 38.Dd3 Tc5 39.c4 Lf6 40.b3 Tc7 41.Te4 Db2 42.Te2 Da3 43.Kg2 Db4 44.Le1 Da3 45.Lf2 Tb7**

**46.Lg3 Db4?! 47.Dd2! Db3** [47...Da3 48.b4!] **48.Ld6 Kg8 49.Dc2! Dc2 50.Tc2 Td7 51.La3 g6 52.Kf3 gf5 53.gf5 Le5 54.Tg2 Kh7 55.Ke4 1:0** (Iwantschuk)

## 13
Sizilianisch (B 78)
**Iwantschuk - A. Schneider**
Debrecen 1988

**1.e4 c5 2.Sf3 d6 3.d4 cd4 4.Sd4 Sf6 5.Sc3 g6 6.Le3 Lg7 7.f3 0-0 8.Dd2 Sc6 9.Lc4 Ld7 10.h4 Se5 11.Lb3 Tc8 12.0-0-0 Sc4 13.Lc4 Tc4 14.g4 Dc7 15.h5 Tc8 16.hg6 fg6 17.Kb1 b5 18.Sd5!** [18.Dh2?! Tc3 19.bc3 Dc3∓] **Sd5 19.ed5 a5?** [19...Db7; 19...Le5! (X h2) 20.Df2 Tfd8! 21.Dh4 Tf7∞] **20.Dh2 +- h6 21.b3! Tb4** [21...Tc3? 22.Lh6 Ld4 23.Td4 Tc2 24.Ld2! +-] **22.Td3!** [22.a3!? Dc3 23.ab4! (23.Td3?? Tb3! -+) De3 24.Td3 Dg5 25.ba5 +-] **22...a4 23.Dd2! Tc4!?** [23...ab3 24.Db4 Ld4 (24...ba2 25.Ka1; 24...bc2 25.Kc1) 25.Db3 +-] **24.Lh6!** [24.bc4? bc4 25.Tc3 (25.Ta3!? c3!∞) Tb8 26.Ka1!? (26.Kc1 Db7 27.Kd1 Dd5∓ △ 28...Tb1, 28...Lg4, 28...e5) Db6 27.Dc1 Ld4 28.Ld4 Dd4 29.De3∞] **24...Ld4 25.bc4!** [25.Td4? Td4 26.Dd4 Dc2 27.Ka1 Dc3∓] **Le5 26.Lf4 Lg7** [26...bc4 27.Le5 de5 (27...cd3 28.Dh6!! +-) 28.Dh6! +-]

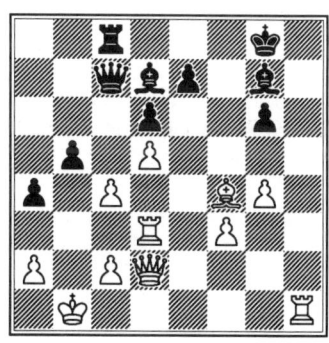

27.c5! Dc5 28.Le3 Dc4 29.Ld4 e5 30.de6 Le6 31.Lg7 Da2 [31...Kg7 32.c3!+-] 32.Kc1 Kg7 33.Dh6! Kf7 34.Dh7 [34.Df4?? Kg8 -+] Kf6 35.g5 Kf5 36.Dh3 Kg5 37.Dh4 Kf5 38.Dg4 Kf6 39.Df4 Ke7 [39...Kg7 40.Dd4 +-; 39...Lf5 40.Dd4!! (40.Td6? Kf7 41.Td7 Ke8!; 40.Dd6? De6!=) Ke6 41.Te3 Kd7 42.Th7 Kc6 43.Tc3+-] 40.Th7 Ke8 41.Th8 Lg8 42.Te3 Kd7 43.Dg4 Kd8 [43...Kc7? 44.Tc3 +-; 43...Le6 44.De6! De6 45.Th7 +-] 44.Te8! [44...Ke8 45.Dc8 Ke7 46.Tg8 Da1 (46....Da3 47.Kb1 Db4 48.Ka2 +-) 47.Kd2 Dd4 48.Ke2 De5 49.Kf1 Da1 50.Kg2 +-] 1:0 (Iwantschuk)

**14**
Spanische Partie (C 69)
**Maljutin - Iwantschuk**
Kramatorsk 1989

1.e4 e5 2.Sf3 Sc6 3.Lb5 a6 4.Lc6 dc6 5.0-0 f6 [5...Dd6] 6.d4 ed4 7.Sd4 c5 8.Sb3 Dd1 9.Td1 Lg4 10.f3 Le6 11.Sc3 Ld6 12.a4 [12.Le3 △12...b6 13.a4] 12...0-0-0 13.Le3 c4 14.Sa5! [14.Sc5?! Lf7; 14.Sd4!?] 14...Se7 15.Sd5 Ld5 16.ed5 c3! 17.bc3 Le5 18.d6 Td6 [18...Lc3? 19.Sb7 Kb7 20.Tab1 △ 21.de7] 19.Td6 Ld6 20.Tb1 b6 21.Sc4 Td8 22.Kf2 Sd5 23.Ld4 c5 24.Le3 Kc7 25.Td1 Kc6 [25...Sc3? 26.Td6] 26.Td3 Lc7 27.Sa3? [27.Ld2] Se3! 28.Td8 [28.Ke3 Td3 29.Ld3 Lh2 -+] 28...Sc2 29.Tg8 Sa3 30.Tg7 b5 31.ab5 ab5 32.Ke2 Le5 33.Ta7 Sb1 34.c4 b4 35.Ta6 Kc7 [36.Ta5 Ld4 37.Kd3 b3; 37.Kd1 Sa3] 0:1 (Gufeld)

**15**
Englische Eröffnung (A 30)
**Kortschnoi - Iwantschuk**
Tilburg 1989

1.c4 Sf6 2.Sc3 c5 3.Sf3 e6 4.g3 b6 5.Lg2 Lb7 6.0-0 a6 7.b3 d6 8.Lb2 Le7 9.d4 cd4 10.Sd4 Lg2 11.Kg2 Dc8 12.e3 Sc6 [12...Db7] 13.Tc1 Sd4?! [13...0-0!? 14.Sd5 Ld8!∞; 13...Db7 14.Df3 Tc8 15.Scb5 Sd7! (15...0-0 16.Sa7!±) 16.Sc6 Dc6 17.Dc6 Tc6 = 18.Lg7? Tg8 19.Sd4 Tc5 20.Lh6 Tg6 21.Lf4 e5 -+] 14.ed4 d5 [14...b5 15.cb5 Db7 16.Df3 Df3 17.Kf3 ab5 18.Sb5 Ta2 19.Tc8 Ld8 20.La3 Kd7 21.Tfc1±; 14...0-0 15.d5 b5 16.cb5 ab5 17.Sb5 Db7 18.Sc3 Sd5 19.Df3 Tfd8 20.Sd5 Dd5 21.Dd5 ed5 22.Ta1±; 15...e5±; 14...Db7 15.d5 (15.Df3?) b5 16.Kg1 bc4 17.de6 fe6 18.De2±; 16...e5!∞] 15.cd5 Db7 16.Df3 ed5 17.Tc2! 0-0 18.Tfc1 Lb4!? [18...Tad8 19.Sa4 Td7 (19...Ld6 20.Dc3±) 20.Tc6 b5 (20....Ld8 21.La3 Te8 22.Sb2) 21.Sb6 Td6 22.Dc3 Te8 23.Sc8 Tc6 24.Dc6 Dc6 25.Tc6 Lf8 26.Lc1 Te6 27.Sa7±; 18...Tfd8 a) 19.Sa4?! Td7 20.Tc6 (20.Dc3 Tb8 21.Dc6 Da7) Ld8 =; b) 19.Sd1! Td7 (19...Tac8 20.Df5 Tc2 21.Dc2±) 20.Se3±; 18...Tfe8 19.Sa4 Tac8 20.Tc8 Tc8 21.Tc8 Dc8 22.Sb6 Dc2 23.Lc3 △ Le1±] **19.Sd1** [19.Sa4?! Tac8 20.Tc8 Tc8 21.Tc8 Dc8 22.Sb6 Dc2⩲] **Tfc8 20.Se3 Lf8?!** [20...Tc2 21.Tc2 Te8 =] **21.Df5 Tc2 22.Dc2**

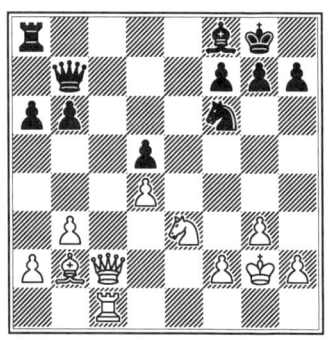

**22...b5?!** [22...De7! 23.Kg1! (23.Dc6 Te8 24.Db6 De4 25.Kg1 Dd3⩱) Te8

24.Df5 Db7 =] **23.Dc6 Dc6 24.Tc6± a5**
[24...b4! △ 25.g4 h6 26.h4 a5 27.g5 hg5
28.hg5 Se4 29.Sd5 Sg5∞] **25.a3! b4**
**26.a4 Le7 27.g4 Kf8 28.f3 Ke8 29.Sf5**
**Lf8 30.Lc1 Kd7 31.Tb6 Kc7 32.Tb5**
**Kc6 33.Lg5?!** [33.Lf4! Sd7 34.Se3 Sb6
35.g5±] **Sd7 34.Se7?** [34.Le7 g6 35.Lf8
gf5 36.Lc5 fg4 (36...f4 37.g5!) 37.fg4
Sc5 38.Tc5 Kd6 39.Kf2 (39.Kf3 Te8
40.Ta5 Te4 41.Ta6 Kd7! 42.Ta7 Ke6
43.Tb7 Td4 44.Ke3 Tg4 45.a5 Th4) Te8
40.Ta5 Te4 41.Ta6 Kd7 42.Tf6! (42.Ta7?
Ke6 43.Tb7 Td4 44.a5 Td2 =) Ke7
43.Tb6 Td4 44.a5±; 34.Lf4] **34...Le7**
**35.Le7 Te8 = 36.Lc5 Te3 37.Ta5**
[37...Tb3 38.Ta6 Kb7 39.Ta7 =] **remis**
(Iwantschuk)

---

**16**

Damenindisch (E 15)
**Kasparow - Iwantschuk**
Tilburg 1989

**1.d4 Sf6 2.c4 e6 3.Sf3 b6 4.g3 La6 5.b3**
**Lb4 6.Ld2 Le7 7.Lg2 c6 8.Lc3 d5**
**9.Sbd2 Sbd7 10.0-0 0-0 11.Te1 Lb7**
**12.e4 de4 13.Se4 c5 14.Sed2 a6**
[14...cd4 15.Sd4 Lg2 16.Kg2 Dc7
17.Df3 Tac8 (17...Se5? 18.Se6! Sf3
19.Sc7 Se1 20.Te1 +-; 17...Tfc8
18.Tad1±) 18.Tad1 (18.Sf5?! Ld8!)
18...Se5 (18...Tfe8 19.Sb5 Db8
20.Se4±) 19.De2 Sc6 20.Sb5±;
14...Tc8!?; 14...Te8!?] **15.De2** [15.Se5?!
Lg2 16.Kg2 cd4 17.Ld4 (17.Sc6? dc3
18.Sd8 cd2 19.Sc6 de1S! -+) Se5
18.Le5 =; 15.dc5 Sc5 16.Se5 Lg2
17.Kg2 Tc8 =] **15...cd4** [15...Te8!?]
**16.Sd4 Lg2 17.Kg2 Dc7 18.S2f3 Db7?!**
[18...Tfe8! (△Lf8) 19.Se6? fe6 20.De6
Kh8 21.Sg5 (21.Df7 Ld6!∓) h6 22.Sf7
Kh7 23.Df5 g6 24.Df3 (24.Dh3 Dc6
25.Kg1 Lf8∓) Lf8!∓] **19.b4! Tfc8?!**
[19...Tfe8!? 20.b5?! ab5 21.cb5 Sd5
22.Lb2 Ta4 23.Sc6 Tea8 24.Ld4 Lc5∓;

---

19...Tac8!? 20.Tac1 Tfe8 21.b5?! ab5
22.cb5 Tc3 23.Tc3 Lb4 24.Tec1 Lc3
25.Tc3 Sc5∓; 21.a3!?] **20.Tac1**
[20.Se6?! Te8 21.Sf4 Lb4∓] **Lf8 21.Kg1**
**Tc7?!** [△ 21...Te8] **22.a3 Te8** [22...Tac8
23.Lb2±] **23.Lb2 e5** [23...g6 24.b5!?±]
**24.Sf5**

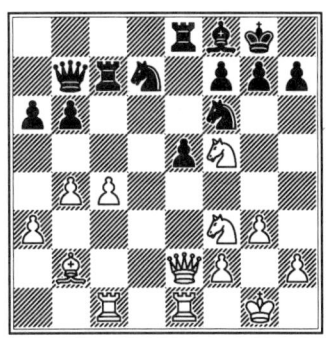

**24...e4?!** [24...g6 25.Se3 Lh6 (25...e4
26.Sh4±) 26.Sd2±; 24...a5!? a) 25.ba5?!
ba5 26.Se5? Se5 27.Le5 Tc5 28.f4
Tce5! 29.fe5 Lc5 30.Se3 Te5 -+; b)
25.Se5 ab4 26.ab4 Lb4 27.Sd7
(27.Ted1 Lf8!) Te2 28.Sf6 gf6 29.Te2
Tc8!? (29...Dc8 30.Se3±; 29...Df3
30.Te8 Lf8 31.Se3 Kg7 32.Sd5 Tc4
33.Tc4 Dd1 34.Kg2 Dd5 35.Tee4 Lc5∞)
30.Se3 b5! 31.Sd5 bc4 32.Sf6 Kg7∞; c)
25.Lc3! ab4 26.ab4 c1) 26...Dc8 27.Se3
Se4 28.Dc2 (28.Sd5? Tc4 29.Lb2 Sd6∓)
Db7 (28...Sc3 29.Dc3 e4 30.Sd5 Tc6
31.Sd4 Se5? 32.Sc6 Sf3 33.Df3 ef3
34.Sce7 Le7 35.Se7 Te7 36.Te7 +-)
29.Sd2 Sdf6 (29...Sg5?!? 30.h4! Sh3
31.Kh2 Sf2 32.Tf1 +-) 30.Se4 Se4
31.h4±; c2) 26...e4 27.S3h4 Se5
(27...Dc8 28.Se3 Se5 29.Le5 Te5
30.Tb1±) 28.Le5 Te5 29.Db2±; c3)
26...g6 27.Se3 Se4 (27...e4 28.Sh4 Ld6
29.Shg2 Le5 30.Sf4!±) 28.Sd5 Sc3
29.Tc3 Tcc8 30.Te3!± (△ 30...Lh6?
31.Se5! +-) Lg7 31.Sd4! Sf6!? 32.Df3!
Sd5 33.cd5±] **25.S3h4!± Se5** [25...g6?!
26. Dd2!] **26.Ted1?!** [26.Le5! Te5

---

17

27.Se3±] **h6?** [26...Sf3?! 27.Sf3 ef3
28.Df1 Sg4 29.h3 Sf2? 30.Df2 Te2
31.Dd4 f2 32.Kf1 Tb2 (32...Df3? 33.Sh6
Kh8 34.Dg7+-) 33.Dd2 Dh1 34.Ke2! +-;
26...Dc8 27.Le5 Te5 28.Se3 +-;
26...Sfd7! (△ f6 X Lb2) 27.Sd6 Ld6 28.Td6
f6!∞] **27.Le5 Te5 28.Se3 Te6? 29.Shg2
Sd7?** [29...Ld6? 30.Sd5! Sd5 31.cd5
Tc1 (31...Te8 32.Tc7 +-) 32.de6 +-]
**30.Sf4 Te8 31.Sfd5 Tc6 32.Dg4 Tce6
33.h4 Db8 34.Kg2 De5 35.Df5! g6??
36.De5 Te5 37.Sc7 Td8 38.Td2 a5
39.Tcd1 ab4 40.ab4 Te7 41.Scd5 1:0**
(Iwantschuk)


**17**
Grünfeldindische Verteidigung (D 97)
**Piket - Iwantschuk**
Tilburg 1989

**1.d4 Sf6 2.Sf3 g6 3.c4 Lg7 4.Sc3 d5
5.Db3 dc4 6.Dc4 0-0 7.e4 Sa6 8.Lf4 c5
9.dc5 Da5 10.e5 Sd7 11.a3 Dc5 12.Sd5
Sb6 13.Dc5 Sc5 14.Se7 Kh8 15.Tc1?**
[15.Le3 Sb3! 16.Td1 Le6; 15.Sc8 Tac8
16.Le2] **15...Se6!** [15...Sb3? 16.Tc7]
**16.Le3 Ld7 17.Le2 Tae8! 18.Lb6 ab6
19.Sd5 Lc6 20.Td1** [20.Sb6 Sf4 21.Tc6
bc6 22.Sd7 Tg8 23.g3 Te7! 24.gf4
Td7∓] **f6!∓**

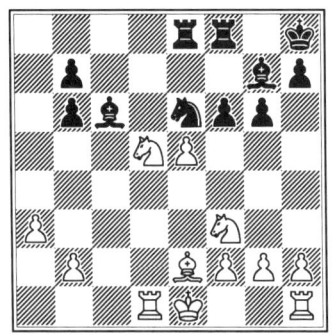

**21.0-0** [21.ef6 Lf6 22.Sf6 Tf6 23.0-0 Sf4
24.Lc4 (24.Ld3 Sd3 25.Td3 Lb5) b5

---

25.Ld3 Sg2 26.Sd4 Sf4∓] **21...fe5
22.Lc4 b5 23.La2 e4 24.Sd2 Lb2
25.Se4 La3 26.Tfe1 Sc5 27.Sef6 Td8
28.h4 b4 29.Te7 Tf6 30.Sf6** [Zeitnot; △
30.Th7 Kh7 31.Sf6 Kg7 32.Td8 Kf6∓]
**Td1 31.Kh2 Td7 -+ 32.Sd7 Ld7 33.h5
Lc1! 34.g3 gh5 35.f4** [35.Lb1 h6 36.f4
h4 37.Th7 Kg8 38.Th6 hg3-+] **h4 36.Lb1
hg3 37.Kg3 b3 38.Th7 Kg8 39.Th6 Lc6
40.Th5 Se4 0:1** (Iwantschuk)


**18**
Spanische Partie (C 99)
**Adams - Iwantschuk**
Luzern 1989

**1.e4 e5 2.Sc6 Sf3 3.Lb5 a6 4.La4 Sf6
5.0-0 Le7 6.Te1 b5 7.Lb3 d6 8.c3 0-0
9.h3 Sa5 10.Lc2 c5 11.d4 Dc7 12.Sbd2
cd4 13.cd4 Sc6 14.d5 Sb4 15.Lb1 a5
16.Sf1 Ld7 17.Ld2 Tfc8 18.Se3** [18.Lb4
ab4 19.Ld3 Ld8 =] **Sa6 19.Sh2 Sc5
20.Df3 Dd8** [20...g6? 21.Shg4 Sg4
22.Sg4 Lg4 23.hg4 Dd8 24.De3±;
20...b4!?] **21.h4** [21.Sf5 Lf5 22.Df5 b4
23.Lc2 Dd7 24.Df3 Sa4 25.Db3 Sc5 =;
21.Lc2 b4] **g6** [21...b4!?] **22.g4 h6
23.Sg2 Lf8 24.g5 hg5 25.hg5 Sh5
26.Sg4 Lg7 27.Sh6?!** [27.Lc2 Sa4!?
28.La4 ba4 29.Tac1 Tab8 30.Tc8 Lc8!
(30...Dc8 31.Tc1 Dd8 32.Tc2) 31.Tb1 =]
**Lh6 28.gh6 Df6 29.De3** [29.Df6 Sf6
30.Lc2] **g5!? 30.Dg5 Dg5 31.Lg5**

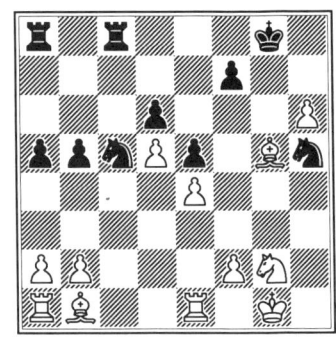

---

**31...Kh8?!** [31...Kh7!? 32.Kh2 (32.Le7 Tg8 33.Ld6? Sf4 -+) Tg8 33.Ld2 Tg6! (33...Tg4 34.Lc2 Tag8 35.Tg1) a) 34.Lc2 Tag8 35.Tg1 Tf6! a1) 36.Ld1? Tf2 37.Lh5 (37.Le3? Tg3! -+) Td2∓; a2) 36.Le3 Tf3 -+; b) 34.Sh4 Tf6∓ △ 35.Sf5 Se4!] **32.Kh2?** [32.Le7! Tg8 (32...Sb7? 33.f3! f6 34.Kf2 Te8 35.Th1±) 33.Ld6 Lh3 (33...f6 34.Lc5 Sf4 35.Kh1 Tg2 36.Tg1) 34.Lc5 (34.Le5 f6 35.Lg3 Sg3 36.fg3 Tg3 37.Kh2 Tg2 38.Kh3 Tag8 mit Angriff) Tg2 (34...Sf4 35.Te3!; 34...Lg2 35.f3! Lh3 36.Kf2 Tg2 37.Ke3 Sf4 38.Ld3 Tb2 39.Tg1∞) 35.Kf1 (35.Kh1 Tag8) a) 35...Tc8 36.Le3 (36.Te3? Sg3! -+) Sf4 37.Lf4 ef4 38.Ld3!; b) 35...Sf4 36.Te3 Tg6 37.Ke1 Tc8 (37...Sg2 38.Kd2 Se3 39.Le3 Tg1 40.f4⩲) 38.Tc3 b4 39.Tc4] **32...Tg8 -+ 33.f4** [33.Ld2 Tg4 34.Lc2 Tag8 35.Tg1 Sf4! 36.Lf4 ef4 37.Ld1 (37.f3 T4g6) T4g6 38.Lh5 Th6 39.Sf4 Lg4!; 33.Le7 Tg6] **33...ef4 34.Le7** [34.Lf4 Tg2] **f3 35.Sh4 f2 36.Tf1 Tae8 37.Ld6 Se4 38.Lc7** [38.Le4 Te4 39.Sf3 Tg6 40.Lc7 Teg4! -+] **Shg3 39.Lg3 Tg3!** [39...Sg3? 40.Tf2 Te1 41.Ld3! Ta1 42.Tf7] **40.Le4 Th3 41.Kg2 Th4 42.Ld3 Lh3 43.Kg3 Lf1 44.Tf1 Th6 45.Lb5 Tb8 46.a4 Tf6** [47.Th1 Kg7 48.Kg2 f1D 49.Tf1 Tf1 50.Kf1 Kf6 51.Ke2 (51.d6 Tb5! 52.ab5 Ke6) Ke5 52.Kd3 Tb5! 53.ab5 Kd5 54.b4 a4!] **0:1** (Iwantschuk)

**19**
Sizilianisch (B 86)
**De Firmian - Iwantschuk**
Luzern 1989

**1.e4 c5 2.Sf3 d6 3.d4 cd4 4.Sd4 Sf6 5.Sc3 a6 6.Lc4 e6 7.Lb3 Sbd7 8.0-0 Sc5 9.Te1?!** Le7 [9...b5? 10.Lg5 Lb7 11.Ld5!±] **10.Df3 0-0 11.Dg3 Kh8!** **12.Lg5 h6 13.Ld2?!** [13.Dh3 Kg8 14.Lh4 Ld7?! 15.Tad1 b5? 16.e5!±;

15...Dc7; 14...Dc7!? △ b5] **Ld7** [13...Dc7!?] **14.Tad1 b5 15.a3 Db6** [15...a5?! 16.e5! de5 17.Sdb5] **16.Sf3 Sb3** [16...Lc6 17.Le3! Db7 18.e5 de5 19.Se5∞; 16...Db7 17.e5 Sfe4 18.Se4 Se4 19.Df4!? (19.Dh3 Sd2 20.Td2∞) Sd2 20.Dd2∞] **17.cb3 e5!** [X e4] **18.Dh4?!** [18.Sh4!? a) 18...Sh5? 19.Df3 Lh4 20.Le3±; b) 18...Tg8 19.Le3 (19.Sf5? Se4) Db7!? (19...Dd8 20.Sf5! Se4 21.Se4 Lf5 22.Sd6! Ld6 23.Lc5=) 20.Sf5 Lf5 (20...Se4 21.Se4 Lf5 22.Sd6 Ld6 23.Td6 =) 21.ef5 b4 22.ab4 Db4 23.Dh3 Db3 24.Lg5!∞; c)18...b4! 19.ab4 (19.Sa4 Dc6! 20.Lb4 a5∓) Tg8!] △ 20.Le3 Db4∓] **Le6 19.b4 Kg8 20.h3 Db7 21.Sh2 Tac8∓ 22.Sg3**

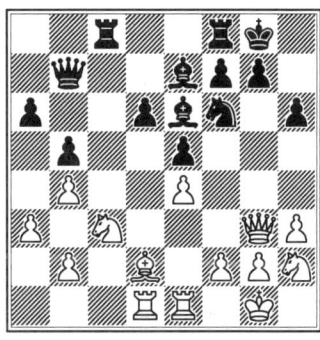

**22...Tc3! 23.Lc3** [23.bc3 Se4 24.Te4 De4 25.Lh6 Dh7] **Se4 24.Dd3 f5 25.Sf1?** **Lh4 26.Te4** [26.g3 Sg5! 27.Sd2 Sh3 28.Kh2 Sf2 29.Dd6 Sg4 30.Kg1 (30.Kh3 Sf7! 31.hg4 f4 -+) Da7 31.Ld4 (31.Dc5 Dc5 32.bc5 Lg3 -+) ed4 32.Te6 (32.De6 Kh7 33.gh4 d3 34.Kh1 Df2 35.Sf1 Df3 36.Kg1 Tf6 -+: 32.gh4 d3 33.Dc5 Db8! 34.Te6 Dh2 35.Kf1 Dh3 36.Kg1 Dg3 -+) d3 33.Dc5 (33.Db6 Db6 34.Tb6 Lg3 -+) Db8!-+; 26.Sg3 Lc4! 27.Df3 Db6∓] **Lf2 27.Kh2 fe4 28.Dd6 Lb3 29.Tc1 e3 30.De5 Df7 -+ 31.Sg3 Te8 32.Dd6 Lc4 33.Le1 Te6 34.Dd8 0:1** [Zeit] (Iwantschuk)

**20**
Englische Eröffnung (A 27)
**Miles - Iwantschuk**
Biel 1989

**1.c4 Sf6 2.Sc3 e5 3.Sf3 Sc6 4.g3 g6
5.d4 ed4 6.Sd4 Lg7 7.Sc6 bc6** [7...dc6
**8.**Dd8 Kd8 9.e4±] **8.Lg2 0-0 9.0-0 Te8?!**
[9...Tb8 10.Da4 c5 11.Da7 Tb6≅;
9...a5!? 10.Dc2 (10.Da4 La6 11.Td1
Db8∞) Tb8 11.b3 c5∞] **10.Da4!± Lb7**
[10...a5] **11.Lf4 Dc8?!** [11...Db8!?;
11...a5 △ Db8] **12.Tad1 a5** [12...c5
13.Lh3! Lc6 14.Dc6 dc6 15.Lc8 Tac8
16.Tfe1 Se4 17.Sa4!±] **13.Td2 h6
14.Tfd1?** [14.c5!±] **c5 = 15.Lb7** [15.Lh3
g5 16.Le3 g4 17.Lg2 Lg2 18.Kg2 d6]
**Db7 16.Sb5** [16.Db5 Da7; 16.Tc2 =] **d6
17.Ld6 cd6 18.Sd6 Dc7 19.Se8 Te8
20.e3 Lf8 21.Td3 h5 22.Ta3?** [△ 22.h4]
**Ta8?** [22...h4! 23.Da5 Db7∓] **23.h4 Ld6
24.Dc2 Dc6 25.Da4 Dc7 26.Dc2 Lf8
27.e4?** [27.Da4∓; 27.Tad3]

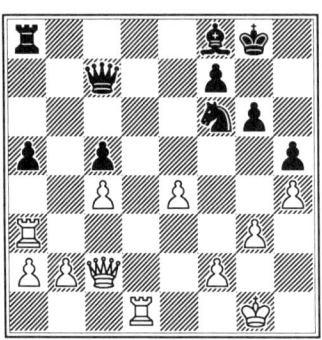

**27...Se8!** [△ 28...Lg7-d4, △ 28...Sg7-
e6-d4] **28.Te3** [28.Tad3 Lg7 29.Td7
Dc6∓] **Sg7** [28...Lg7? 29.e5!±]
**29.Dd3? Se6 30.Dd7? Td8 31.Da4 Sd4
-+** [31...Td1 32.Dd1 Lg7 -+] **32.Kg2?!
Tb8 33.b3 Tb4 34.De8 a4 35.Kh2 ab3
36.ab3 Tb8 37.Da4 Lh6 38.Ted3 Db7
39.Td4 cd4 40.Td4 Db3 41.Td8 Lf8
42.Db3 Tb3 43.e5 Tb2 44.Kg1 Kg7**

**45.Tc8 Lb4 46.Kf1 Tb1 47.Kg2 Le1
48.Tc7 Kf8 0:1** (Iwantschuk)

**21**
Benoni (Hauptsystem) (A 77)
**Iwantschuk - De Firmian**
Biel 1989

**1.d4 Sf6 2.c4 e6 3.Sf3 c5 4.d5 ed5
5.cd5 d6 6.Sc3 g6 7.e4 Lg7 8.Le2 0-0
9.Sd2 Te8 10.0-0 Sbd7 11.Te1 Se5
12.a4** [△ 12.h3] **a6** [12...Sh5!] **13.h3**
[13.Sf1!?] **g5 14.Sf1** [14.Lf1?] **h6 15.Se3
Sg6 16.Ld3 Sf4?** [16...Se5! 17.Le2
(17.Lc2 h5; 17...g4) Sg6 =] **17.Sc4!**
[△18.Lf4 gf4 19.Df3 +-; 17.Lc2?! Tb8
18.a5 Ld7 △ 19.Sc4 Lb5±] **Sd3 18.Dd3
Sd7**

**19.f4! Sb6 20.Sb6 Db6 21.Dg3!± gf4?**
[21...Ld4 22.Kh1 f6] **22.Lf4 Kh7**
[22...Db2 23.e5! +-] **23.Ld6 Db2**
[23...Tg8 24.e5 +-; 23...Ld4 24.Kh1 Tg8
25.Df4 Db2 26.Se2 +-] **24.e5 Lf5 25.Ta2
Db4 26.Tf2 Lg6 27.Tf4! Db6 28.Tef1 +-
Kg8 29.Tg4 h5 30.Tg6 fg6 31.Dg6 c4
32.Kh2! Tf8 33.Tf8 Tf8 34.Se4 Tf1**
[34...De3 35.Sf6] **35.De6 Kh8 36.De8
Kh7** [36....Lf8 37.Dh5 Kg7 38.Dg5 Kh8
39.Lf8] **37.Sg5 Kh6 38.De6 Lf6** [38...Kg5
39.Le7] **39.Lf8 Kg5 40.Lh6!** [40...Kh4
41.g3; 40...Kh6 41.Db6; 40.Db6? Le5
41.g3 Tf8∞] **1:0** (Iwantschuk)

**22**
Damengambit (D 34)
Iwantschuk - Marjanovic
Eriwan 1989

1.d4 d5 2.Sf3 c5 3.c4 e6 4.cd5 ed5 5.g3
Sf6 6.Lg2 Le7 7.0-0 0-0 8.Sc3 Sc6
9.dc5 Lc5 10.Lg5 d4 11.Lf6 Df6 12.Sd5
Dd8 13.Sd2 Lh3 14.Lh3 Dd5 15.Db3!?
Dh5 [15...Db3 16.Sb3 Lb6 17.Tfd1 Tfe8
18.Kf1±] **16.Db7 Se5** [16...Sb4!?]
**17.De4 Tae8 18.Kg2**

**18...Sc4?** [18...Lb6 19.Tfd1! (19.Sf3?
Sf3 20.Df3 Db5! =) Sc4 (19...Sg6
20.Lg4! Dg5 21.Df5 Df5 22.Lf5 Te2
23.Ld3 Tee4 24.Sc4 Lc5 25.Tac1±;
19...Kh8 20.Sf3 f5 21.Dd5 Sf3 22.Df3
Df3 23.Kf3 g5 24.Lf1 g4 25.Kg2 f4
26.Td3±; 19...d3 20.e3! De2 21.Kg1 △
Lf1±; 19...g5 20.Df5?! Dg6 21.Se4 g4
22.Sf6 Kg7 23.Dg6 fg6 24.Sg4 Sf7∓ X
Sg4; 20.Lf5!±) 20.Df3 Df3 21.Kf3 Sb2
22.Tdb1 Sa4 23.Ld7 Sc3 24.Le8 Sb1
25.Tb1 Te8 26.Sc4±; 18...Kh8! 19.Sf3
f5 20.Dc2 Sf3 21.ef3 Lb6 22.Tfe1 Td8
23.Dd3 Df7±] **19.Df3 Df3 20.Sf3 +- Sb2**
[20...Te2 21.Tfc1 d3 (21...Se3 22.Kg1
Sc2 23.Lf1!+-) 22.Tc4 Tf2 23.Kh1 +-]
**21.Tac1 Le7** [21...Lb6? 22.Tc2 Sa4
23.Ld7 +-] **22.Tc2 Tb8 23.Sd4 Lf6
24.Sc6 Tb7 25.f4 Te8 26.Kf3 g6 27.e4
Lg7 28.e5 Sa4 29.Tfc1 Sb6 30.Sa5
Tbe7 31.Lf1 f6 32.Lb5 Ta8 33.Sc6 Te6**

34.a4 a5 [34...a6? 35.a5!] **35.Sd4 Te7
36.Sc6 Te6 37.Tb1 Kh8** [37...fe5
38.Ld3 +-] **38.Ld3 Sa4 39.f5 gf5 40.Lf5
Tee8 41.Tc4 1:0** (Iwantschuk)

**23**
Nimzowitschindisch (E 20)
Iwantschuk - Csom
Eriwan 1989

1.d4 Sf6 2.c4 e6 3.Sc3 Lb4 4.f3 c5 5.d5
Lc3 6.bc3 Sh5 7.g3 f5 8.e4 f4 9.de6
fg3?! [9...de6? 10.Dd8 Kd8 11.g4! Sf6
12.Lf4±; 9...Df6 10.Se2 fg3 11.Lg2 gh2
12.Th2 g6 13.ed7 Ld7 14.Dd5± Moska-
lenko - Nowikow, Lwow 1988] **10.Dd5
g2?**

[10...Sf6 11.Dc5 gh 12.Th2 de6
13.Tg2±] **11.Dh5!** [11.Lg2? Dh4 12.Kf1
de6; 11.ed7? Sd7 12.Lg2 Sh4 13.Kf1
Sf4] **g6 12.De5 Dh4 13.Ke2 ghD
14.Dh8 Ke7 15.Dg7 Ke6** [15...Ke8
16.Df7 Kd8 17.Df8 Kc7 18.Lf4 Kb6
19.Tb1 Ka8 20.Dc5+-] **16.Lh3 Kd6**
[16...Dh3 17.Dg8! Kf6 18.Lg5 Kg5
19.Sh3 +-] **17.Df8 Kc7** [17...Ke5 18.Lf4!
Df4 19.De7] **18.Lf4 Df4 19.Df4 d6
20.Td1 Sc6 21.Dd6 Kb6 22.Dg3! h5
23.Lc8 Tc8 24.Sh3 h4 25.Df2 1:0** (Gufeld)

## 24

Pirc-Ufimzew-Verteidigung (B 08)
**Iwantschuk - Timman**
Linares 1989

**1.e4 d6 2.d4 Sf6 3.Sc3 g6 4.Sf3 Lg7 5. Le2 0-0 6.0-0 Lg4 7.h3 Lf3 8.Lf3 Sc6 9. Se2 e5 10.c3** [10.d5!? Se7 11.c4] **Sd7 11.b3!?** [11.Le3 Sb6 12.b3 d5!] **Sb6?** [11...De7 △ Ta8-e8∞] **12.d5 Se7 13.c4 f5 14.Sc3± Sd7 15.Tb1 a5 16.a3 Sf6 17. b4 ab4 18.ab4 fe4?! 19.Se4 Se4 20.Le4 Sf5 21.g3!** [21.Dd3?! Dh4! 22.Kh2 Ta2 23.g3? Sg3! -+] **Df6 22.Dd3 Sd4** [22. ...Lh6 23.Lb2!? △ f4] **23.Kg2 Ta4**[23. ...Ta2 24.Tb2 Ta1? 25.Lg5!+-] **24.h4 Kh8**

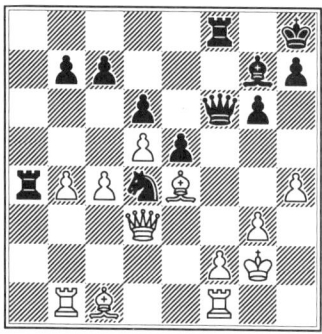

**25.Tb2 Sf5 26.Lg5 Df7 27.Th1 h6 28.h5 gh5 29.Dd1 Ta3** [29...Dg6 30.Da4 Dg5 31.Dd1 h4 32.Lf5 hg3 33.Th5 +-] **30. Dh5! Kg8 31.Df7 Tf7 32.Ld2 Tf6 33. Tbb1! Ta2 34.Thd1 Sd4 35.Ta1 Ta1** [35. ...Tb2 36.Ta7] **36.Ta1 Sb3 37.Ta8 Tf8 38.Tf8 Lf8 39.Le3 Sd4 40.b5! Sb3 41. Kh3 Sc5 42.Lf5 Sa4 43.Kg4** [43...Sb2 44.Kh5 Sc4 45.Lh6] **1:0** (Gufeld)

## 25

Holländische Verteidigung (A 81)
**P. Nikolic - Iwantschuk**
Manila 1990

**1.d4 f5 2.g3 Sf6 3.Lg2 g6 4.c3 c6 5.Lg5**

**Lg7 6.Sd2 d5** [6...0-0!? 7.e4 fe4 8.Se4 Se4 9.Le4 d5 10.Lg2 De8 △ 11...e5; 7.Lf6 Lf6 8.e4 fe4 9.Se4 d5 10.Sf6 =; 9...Lg7!?∞] **7.Sh3 0-0 8.0-0 De8 9.c4 Se4 10.Se4** [10.Le3!?; 10.Lf4!?] **de4 11.f3 ef3?!** [11...e5!? 12.fe4 ed4 13.Dd2 fe4 14.Tf8 Df8 15.Tf1 De8 16.Lf6!, 15. ...Dd6 16.Sf2!; 15...Dc5∞ 16.Df4 Lf5 17.g4 d3 18.e3 Le6] **12.ef3 Df7?! 13. Te1 Dc4?** [13...Te8] **14.Le7 Te8** [14. ...Dd4? 15.Dd4 Ld4 16.Kh1 Te8 17.Lc5] **15.Kh1 Sa6 16.Lf1 Df7 17.Sg5?** [17. Dc2! Te7 18.Lc4 Le6 19.Te6 Te6 20.Sg5 Df6 (20...De7 21.Se6 Kh8 22.Sg7 △ La6; Dc6±) 21.Se6±] **Dd5 18.Dc1?** [18.Dc2 b5 19.Lg2 f4!∞; 18.Db3! Db3 19.ab3 b5 20.Ld6±] **b5 19.Lg2 Lb7 20.f4 Dd4 21. a4 Tab8!!**

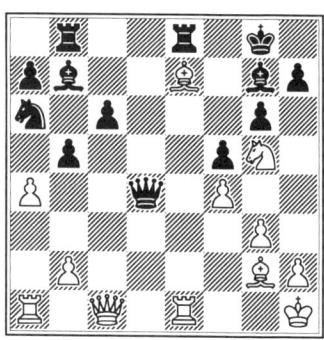

[21...Tac8? 22.Db1] **22.ab5** [22.Td1 Db2 23.De3 Sc7 24.Tab1 Da2; 22.Se6 Dd7 23.Sc5∓] **cb5 23.Ta6** [23.Lb7 Tb7 24.Dc6 Dd7 25.Ta6 Dc6 26.Tc6 Tbe7 27.Te7 Te7 28.Tc8 Lf8 =; 26...h6!?; 24...Tee7 25.Ted1 Dc5 26.Td8 Lf8 27.Ta6 Df2 28.Ta1 Tbc7 -+] **23...La6 24.Dc6?** [24.Td1 Te7 25.Td4 Ld4∓] **h6 25.De6 Kh8 26.Sf7 Kh7 27.Se5 Le5! 28.fe5** [28.Te5 Dc4] **Dc4 29.Df6 Lb7 30.e6 Tg8 -+ 31.h4 Lg2 32.Kg2 Dd5 33.Kh3 Tbc8 34.h5? g5 35.De5 g4 36.Kh4 Tc2 0:1** (Iwantschuk)

# Gelfand

**26**
Damenindisch (E 12)
**Gelfand - Lerner**
Norilsk 1987

**1.d4 Sf6 2.c4 e6 3.Sf3 b6 4.Sc3 Lb7
5.a3 d5 6.cd5 Sd5 7.Dc2 Le7 8.e4 Sc3
9.bc3 0-0 10.Ld3 c5 11.0-0 cd4 12.cd4
Dc8 13.De2 La6 14.Lb2 Ld3 15.Dd3
Da6 16.Dd2 Sd7 17.d5!?** [17.Tad1;
17.Tfe1] **ed5** [17...Sc5!? 18.d6 Se4!
19.de7 Sd2 20.ef8D Tf8 21.Sd2 De2∞;
18.Tae1±] **18.ed5 Lf6 19.d6 Lb2
20.Db2 b5 21.Tad1** [21.Tfd1! Tac8
(21...Tfe8 22.Tac1±) 22.Sd4 g6
(22...Dd6? 23.Sf5 24.Df6 Sf6 25.Se7 +-)
23.Db5±] **21...Tfe8** [21...Tac8 22.
Tfe1±] **22.Td5 Tab8 23.Tfd1** [23.Sd4
g6 24.Sb5 Dc6] **Dc6 24.h4 a6 25.h5?!**
[25.Tg5! g6 26.h5 Te6 27.Tgd5±] **h6
26.Se5 Se5 27.Te5 Dd7!** [27...Te5
28.De5 Dd7 29.De7±] **28.Tde1 Te6!±**
[28...Te5 29.De5±] **29.Te6 fe6 30.De5
Td8!**

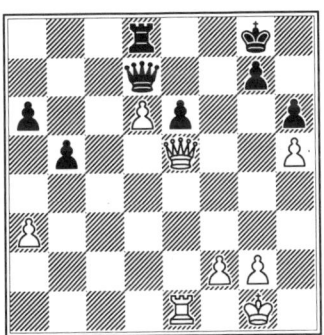

**31.Td1** [31.De6 De6 32.Te6 a5=] **a5?!**
[31...Tc8; 31...Tf8 32.g4±] **32.Td3?!**
[32.Dc3!±] **Tc8 33.Kh2 Tf8 34.Dc3 Tf2
35.Dc7 Tf7 36.Dd7** [36.Da5±] **Td7
37.Kg3 Kf7 38.Kf4 Ke8** [38...Kf6

39.Ke4±] **39.Ke5 Tf7 40.Tc3 Kd8
41.Ke6 b4 42.ab ab**

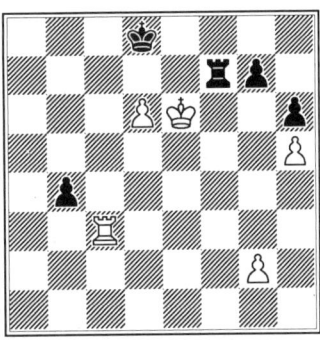

**43.Tg3!? Tb7?** [43...Tf6!? 44.Ke5 Tf2
45.Tg7 b3 46.g4 b2 47.Tb7 Kc8 48.d7
Kd8 =] **44.Tg4!!+- Ke8** [44...b3 45.Ta4
Tb8 46.Tf4] **45.Tc4 Tb8 46.Tc7 b3
47.Tg7 Kf8 48.Tf7 Kg8 49.d7!** [49.Tf1
Te8! 50.Kd5 Te2] **b2 50.Tf1 Kg7 51.Tb1**
[51.Ke7?? b1D 52.Tb1 Tb1 53.d8D
Te1=] **Tb6 52.Ke7 Tb7 53.Ke8 1:0** (Gelfand, Kapengut)

**27**
Damengambit (D 17)
**Gelfand - Tschechow**
Halle 1987

**1.d4 d5 2.Sf3 Sf6 3.c4 c6 4.Sc3 dc 5.a4
Lf5 6.Se5 e6 7.g3!? Lb4** [7...Sbd7]
**8.Lg2 Se4** [8...Le4!? 9.f3 Lg6 10.e4 c5
11.Le3 cd 12.Dd4 Dd4 13.Ld4 Sc6
14.Sc6 bc 15.Lf1 Ke7 16.Lc4 Thd8
17.Le3 Sd5 18.Ld2 Sc3 19.bc Lc5 remis, Drejew - Barejew, Lwow 1987]
**9.0-0! Sc3 10.bc3 Lc3 11.La3!**

23

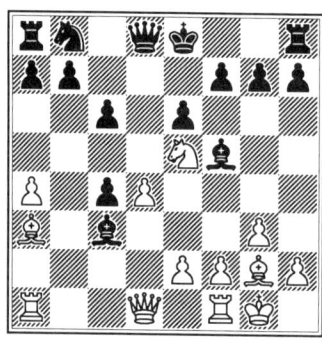 

**11...a5** [11...Dd4 12.Sc4!?] **12.Sc4 Lb4**
**13.Lb2 0-0 14.e4 Lg6 15.h4 f6** [15...h5
16.Se5±; 15...h6 16.Dg4] **16.h5 Lf7**
**17.h6 g6** [17...Sd7 18.hg± Drejew - Do-
chojan, UdSSR 1987] **18.e5!**⯑ **Sd7**
**19.De2** [19.ef6 Sf6 20.Se5 Sd5∞] **f5?!**
[19...Tc8!?] **20.Sd6 Tb8 21.La3 La3**
**22.Ta3± Sb6** [22...Dg5!?] **23.Db2 Le8**
**24.Tb1 Sd5 25.Sb7 Dg5** [△ f4] **26.f4!**
**Dh6 27.Dc1 g5 28.fg5 Dg7 29.Tab3 f4**
**30.Sc5 +- Tb3 31.Tb3 fg3 32.Se6 Df7**
**33.Sf8 Sf4!? 34.Df1 Se2 35.De2 Db3**
**36.Df3** [36.e6 Kf8 37.De5±] **36...Dc4?**
[36...Df3 37.Lf3 Kf8 38.Le4 Kg7 39.Kg2
+-] **37.Df4 Lf7 38.Sd7 Dd3 39.e6 1:0**
(Gelfand, Kapengut)

**14.Le3! De8** [14...Sc5 15.Sc5 Lc5
16.Lc5 bc5 17.Sd3±; 14...Te8!?]
**15.d6!**± [15.Sc3 ed5 16.Sd5 Ld5
17.Ld5 Kh8 18.Te1 Lb4 19.Ld2± Saba-
low - Naumkin, Norilsk 1987] **15...Se4**
[15...cd6 16.Sd6 Ld6 17.Dd6 Lg2
18.Kg2±] **16.de7 De7 17.Dd7 Df6**
**18.Sc6 Sec5** [18...Lc6 19.Dc6 Sec5
20.Db5±] **19.Dd2 Lc6 20.Lc6 e5**
**21.Lg2 c6 22.Tad1 Td7 23.De2 Te7?!**
[23...Tfd8 24.Td7 Td7 25.Td1±] **24.Td2**
**e4 25.Tfd1 Df5** [25...Sb4!?] **26.a3! +- a4**
**27.Td8 h6 28.Tf8 Df8** [28...Kf8!?]
**29.Dg4 Df6 30.Td8 Kh7 31.Dc8 De6**
**32.De6 Te6 33.Lh3 Tf6 34.Ld4 Tf7**
**35.Td6 Sd3 36.Le6 Te7 37.Lf5 1:0** (Gelfand, Kapengut)

**28**
Holländische Verteidigung (A 90)
**Gelfand - Knaak**
Halle 1987

**1.d4 e6 2.c4 f5 3.g3 Sf6 4.Lg2 Lb4**
**5.Sd2 0-0 6.Sf3 a5 7.0-0 b6 8.Se5 Ta7**
**9.Sb1! Le7** [9...Lb7 10.c5!+-] **10.Sc3**
**Lb7 11.d5 Dc8** [11...d6 12.Sf3 e5
13.Sg5 Lc8 14.Se6 Le6 15.de6 c6
16.e4±] **12.e4 fe4 13.Se4 Sa6** [13...Te8
14.Sf6 Lf6 15.Sg4±]

**29**
Moderne Verteidigung gegen 1.d4 (A 41)
**Loginow - Gelfand**
Swerdlowsk 1987

**1.Sf3 d6 2.d4 Lg4 3.h3 Lh5** [3...Lf3!?]
**4.e4 Sf6 5.Sc3 e6 6.d5 e5** [6...ed5
7.ed5±] **7.Le3 Le7 8.Le2 Lg6** [8...0-0
9.0-0 Se8!? 10.Sd2 Le2?! 11.De2 Lg5
12.Sc4 a5! 13.a3!±] **9.Sd2 c6** [9...0-0
10.0-0 Se8 11.Sc4 a5 (11...Lg5 12.Lg5
Dg5 13.Sa5!±) 12.a3 Lg5 mit Gegen-
spiel] **10.0-0 0-0 11.a4 a5** [11...cd5
12.ed5 Sbd7 13.a5 a6±] **12.Lf3** [12.Sc4

24

Se4 13.Se4 Le4 14.Sb6 Ta7 15.Sc8 (15.f3 c5) Dc8!? (15...Ta8 16.Sb6=) 16.La7 Ld5⩲] **12...cd5 13.ed5 Se8 14.Ta3?!** [14.Le2! Lg5! (14...f5 15.f4!) 15.Sc4 Le3 16.fe3⩱] **f5 15.Sc4 Sd7 16.Tb3 Sef6** [16...f4?! 17.Lb6 Dc8 18.De2! (18.Le2? f3! 19.gf3 Sb6 20.Sb6 Dh3 -+; 18.Lg4!?) Lc2 19.Tb5!⩱] **17.g3 Dc8 18.Le2** [18.De2 f4! (18...e4 19.Lg2 Lh5 20.f3∞) 19.gf4 Lc2 20.Dc2 (20.Ta3 e4!⩱) Dc4∓] **f4 19.gf4 ef4 20.Lf4 Sc5 21.Ta3 Dh3 22.Sd6?!** [22.Se4 Dh4 23.Sc5 Df4 24.Se6 Dh4 25.Sf8 (25.Tg3 Le4 26.Lf3 Sh5 -+) Le4 26.Lf3 Sg4! -+; 22.Sb5! Dd7∞] **Sh5 23.Scb5** [23.Sce4 Dh4 (23...Sf4!?∞) 24.Lg3 Sg3 25.fg3 Dh6 -+] **23...Sd3?!** [23...Dh4 24.Lg3 (24.Lh2 Sf4 25.Lg4! -+) Sg3 25.fg3 Dg5∓] **24.Lg4?** [24.Lh2! Shf4 (24...Tf2 25.Tf2 Lh4 26.Tg2+-) 25.Lf4 Tf4 26.Td3 Dd7 (26...Ld3 27.Dd3+-) 27.Tg3 Ld6 28.Lg4⩱] **24...Dh4 25.Le3**

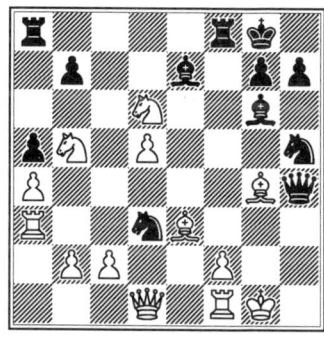

**25...Sg3!!** [25...Se5 26.Le6 Kh8 27.Ld4∞] **26.Le6** [26.fg3 Dg3 27.Kh1 Tf1 28.Df1 Dg4 29.Td3 (29.cd3 Dh4 30.Kg2 Tf8 -+) Tf8 30.Dg2 Dh4 31.Dh2 De1 32.Lg1 Ld3 33.cd3 Tf6 -+] **Kh8 27.fg3 Dg3 28.Kh1 Lh5! -+ 29.Td3** [29.Dd3 Tf1 30.Df1 Lf3 31.Df3 Df3 32.Kh2 Tf8 33.Lh3 (33.Sf7 Tf7 34.Lf7 La3) Lf6] **Ld1 30.Lg1** [30.Lf4 a)30...Dh4 31.Th3 Tf4? 32.Tf4! Df4 33.Sf7 Df7 (33...Kg8? 34.Se5 Kf8 35.Sg6!) 34.Lf7∞;

b)30...Dg6! 31.Tg1 Dh5 32.Th3 Tf4 33.Th5 Lh5-+] **Dh4 31.Th3 Tf1 32.Th4 Lh4 33.Sf7 Kg8 34.Se5 Kh8 35.Sf7 Tf7 36.Lf7 Lc2 37.Le6 Td8 38.Lb6 Le4 39.Kh2 Td5 40.Ld5 Ld5 41.La5 Lc6 42.Sc3 Le1 43.Lc7 g5 44.Le5 Kg8 45.b4 Kf7 46.b5 Lf3 47.a5 Ke6 48.Ld4 h5 49.a6 ba6 50.ba6 h4 51.Kg1 g4 52.a7 Lc3 53.Lc3 g3** 0:1 (Gelfand, Kapengut)

**30**
Königsindisch (E 94)
**Naumkin - Gelfand**
Wilna 1988

**1.d4 d6 2.c4 e5 3.Sc3 Sd7 4.Sf3 g6 5.e4 Lg7 6.Le2 Sgf6 7.0-0 0-0 8.Le3 c6 9.d5 c5 10.Se1 Se8 11.a3** [11.Sd3] **f5** [11...De7!? 12.b4 f5 13.f3 f4 14.Lf2∞] **12.ef5 gf5 13.f4 ef4!?** [13...Sef6 14.Sd3 Se4 (14...e4 15.Sf2⩲) 15.fe5 Sc3 16.bc3 Se5 17.Sf4⩱] **14.Lf4 Se5 15.Dd2** [15.Sf3 Sg6∞] **Sf6 16.Sf3 Sg6** [16...Sfg4 17.Sg5! Sg6 18.Se6 Le6 19.de6 Sf4 20.Lg4⩱]

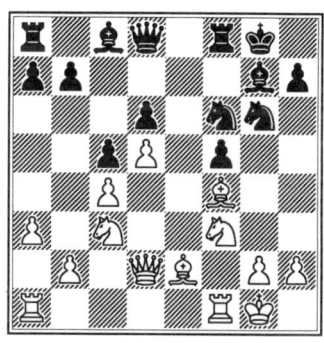

**17.Lg5?!** [17.Lh6!? △ 17...Se4 18.Se4 fe4 19.Lg7 ef3 20.Lf8 fe2 21.De2 Sf8 22.Tae1 Sg6 23.De3⩱] **17...Db6 18.Ld3 Sg4 19.Tae1 Ld7∓ 20.h3 S4e5 21.Se5 de5!?** [21...Se5 22.Te3 mit Gegenspiel] **22.Le3** [22.Kh1 e4 23.Le2 Tae8] **e4**

**23.Lb1** [23.b4? ed3 24.Lc5 Ld4! -+;
23.Le2? f4 24.Lf4? Tf4 25.Tf4 Ld4
26.Kh1 e3 -+] **23...Se5** [23...Tae8!?]
**24.De2 Da6 25.Lc5** [25.La2 Sd3∓] **Tfc8**
**26.Le7 Sc4** [26...Dc4 27.Dh5 △Tf5∞]
**27.Se4! fe4 28.De4 Dg6** [28...Dh6!?]
**29.Df4 Dh5 30.d6 b5! 31.Tf3** [31.Lf5
Df5∓; 31...Tf8!?] **Tf8 32.De4** [32.Lf8 Tf8
33.Dg3 Tf3 34.gf3∓] **Sd2 33.Tf8 Tf8
34.Dd3 Sf3!** [34...Sb1? 35.Lf8 Lf8
36.Tb1±] **35.gf3 Tf3 36.La2 Kh8
37.Dd5 Dg6 38.Lg5 Tf8 39.Te7** [39.Tf1?
h6 -+; 39.Lb1 Dh5∓; 39.Kh1 Dh5] **Lc6!?**
[39...Lf5? 40.h4 Lf6 (40...h6 41.d7 hg5
42.d8D +-) 41.Tf7±] **40.Dc6 Dg5 41.Dg2
Dc1 42.Kh2 Df4 43.Kh1 Dc1** [43...Le5
44.Ld5 Tc8 45.Tc7] **44.Kh2 Lf6! 45.Te2**
[45.Te4 Lg5 46.h4 Lf4 47.Kh3 Ld6 48.Le6
h5! 49.Te2 Df4 50.Te4 Df2-+; 45.Te6
Lg5 46.h4 Lh4 47.Ld5 Df4 48.Kh3 Lh6
49.Dg4 Dh6 50.Kg3 Dc1∓] **45...Lg5**

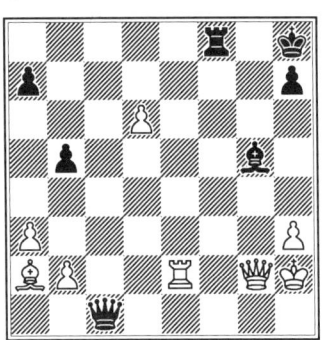

**46.De4?** [46.Dg1!! Lf4 (46...Df4 47.Kh1!)
47.Kh1=] **Df1! -+ 47.Dd4** [47.De5 Tf6
48.De8 Kg7 49.Te7 Kh6 50.Th7 Kh7
51.Dg8 Kh6 52.Dh8 Kg6 53.De8
(53.Dg8 Kh5) Kf5 54.Dc8 Ke4] **Tf6
48.Te8 Kg7 49.Tg8 Kh6 50.Tg5 Tf2**
[50...Kg5 51.Dg4 Kh6 52.Dh4 Kg7
53.Dg5 =] **51.Df2 Df2 52.Tg2 Df4
53.Kg1 Dd6 54.Te2 Dd3 55.Tg2 Kh5
56.Kh2 Dd6 57.Kh1 Kh4 58.Lf7 Kh3
59.Lh5 Df4 60.Le2 Dc1 0:1** (Gelfand,
Kapengut)

Katalanisch (E 04)
**Gelfand - Stratil**
Oakham 1988

**1.d4 Sf6 2.c4 e6 3.Sf3 d5 4.g3 dc4
5.Lg2 c5 6.0-0 Sc6 7.Se5 Ld7 8.Sc4
cd4 9.Lf4 Sd5 10.Sd6 Ld6 11.Ld6 Sde7
12.Sd2 0-0 13.Db3 b6 14.Sc4 Te8!?**
[14...Tc8] **15.La3 Sf5 16.Tad1 Tb8** [△
16...Tc8 17.g4 (17.e3 de3 18.fe3 Sa5
19.Sa5 ba5 20.e4 Se7∞) Sh4 18.Lc6
Lc6 19.Sd6 Dg5 a/ 20.Se8 Te8 (20...Dg4
21.Dg3 De2 22.Sh4 Df3 23.Sf6+-) 21.Dg3
e5∞ b/ 20.Dg3 e5 21.Tc1!±] **17.e4 Sfe7
18.Sd6** [18.e5?! Sa5 19.Sa5 ba5∓] **Tf8**

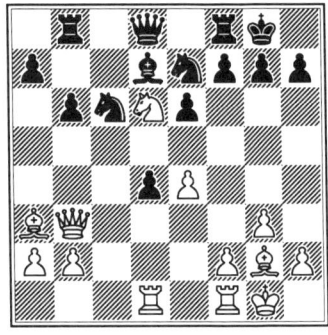

**19.f4?!** [19.e5 Se5 20.Td4 Lc6 21.Sb5
(21.Sf5! Sf5! 22.Td8 Tfd8⩲) Ld5 22.Ld5
ed5 23.Sa7± **e5! 20.fe5** [20.f5 Sa5
21.Df3 f6 22.b4 Sb7 23.Sb3 Kh8 24.Sf7
Tf7 25.Df7 Sd6∓; 20.Sf7!?∞] **Le6
21.Dc2 Se5 22.Td4 S7c6 23.Tdd1 Dg5
24.Sf5 Tfd8** [24...Lf5 25.ef5±] **25.h4
Dg4 26.Ld6 Tbc8 27.Le5** [27.Tf4 Dh5]
**Lf5 28.Lf3** [28.Td8 Sd8 29.Td1 Le6 =]
**29...Le4!!** [28...Td1 29.Dd1 Dh3 30.Lf4
Le6 31.Tf2±] **29.Lg4** [29.Td8 Td8
30.Dc6 Df3!∓] **Lc2 30.Tde1 f5!** [30...Ta8
31.Lc7 mit Initiative] **31.Lf5 Lf5 32.Tf5
Te8** [32...Se5=] **33.Lc3 Te1 34.Le1 Sd4
35.Td5 Sf3** [35...Se2 36.Kf2 Tc2?!
37.Td2±] **36.Kf2 Se1 37.Ke1 Tc7 remis** (Gelfand, Kapengut)

**32**
Damenindisch (E 14)
**Gelfand - L. Hansen**
Adelaide 1988

**1.d4 Sf6 2.Sf3 e6 3.c4 Lb4 4.Sbd2 b6
5.a3 Ld2 6.Dd2 Lb7 7.e3 d6 8.b4 a5
9.Lb2 Sbd7 10.Le2 0-0 11.0-0 Se4
12.Dd3!? f5 13.Sd2** [13.d5] **Dh4**
[13...Dg5!? 14.f3 Sef6±] **14.f3 Sd2
15.Dd2 Tf6 16.Tf2 Th6 17.g3 Tg6**
[17...Dd8 18.Lc3!?] **18.Lc3** [18.Lf1!?
De7 19.Lc3 ab4 20.ab4 Ta1 21.La1 h5
22.Ld3!±] **ab4 19.ab4 Dd8!? 20.Ta8**
[20.Tff1 h5] **Da8 21.Dc2 b5?** [21...h5
22.d5!±; 21...c5 22.Tf1 △ Db2±;
21...Sf6 22.Tf1±] **22.cb5 Ld5 23.Ld2
Db7 24.Lc4!± Lf3** [24...Sf6 25.Ld5 Sd5
26.Dc6] **25.Df5 Tf6 26.Le6 Kh8 27.Dh3
Sf8** [27...Th6 28.Df1 Te6 29.Tf3 Sf6
30.Tf5! +-] **28.Lc4 De4 29.Df1** [29.Dc8
Db1 30.Lf1 Tf7±] **d5 30.Ld3 Dg4**

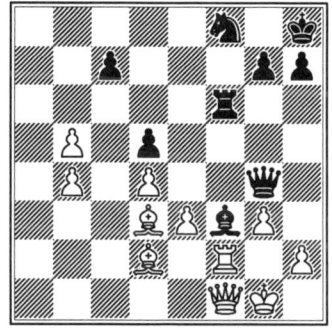

**31.Le2 Le2 32.De2 De4 33.Tf6 gf6
34.Kf2!** [34.Df1 Kg7 35.Df4?! Df4 =;
34.Dg2 Dc2!±] **Se6** [34...Dh1 35.Df3
Dh2 36.Ke1] **35.Df3 Df3 36.Kf3 Sg5
37.Kf4 Kg7 38.g4 +- Se4 39.Le1 Sd6**
[39...Kf7 40.Lh4!] **40.Lh4 Kf7** [40...Sb5
41.Kf5 Kf7 42.Lf6 Sd6 43.Ke5 Sc4
44.Kd5 Sb6** (44...Se3 45.Ke4 Sg4
46.Le5) **45.Kc6 Kf6 46.e4]** **41.g5 fg5
42.Kg5** [42.Lg5 Ke6 43.Ld8 Kd7 44.Lh4
Ke6 45.Kg5 Kf7 46.Lg3 Sb5 47.Kf5 c6

(△Sa3) 48.Ke5 +-] **42...Ke6 43.Lg3 Sb5
44.Kh6 c6 45.Kh7 Kf7 46.Kh6 Sa3
47.Kg5 Sc2 48.Ld6 Se3 49.h4 Sc4
50.Lf4 Sa3 51.h5 Kg7 52.Le5 Kh7
53.Ld6 Sc2 54.Lc5 Kg7 55.Kf5 Kf7
56.Ke5 1:0** (Gelfand, Kapengut)


**33**
Damenindisch (E 11)
**Karolyi - Gelfand**
Amsterdam 1988

**1.d4 Sf6 2.c4 e6 3.Sf3 Lb4 4.Ld2 c5
5.Lb4 cb4 6.g3 0-0 7.Lg2 d6 8.0-0 Sc6
9.Sbd2 Te8!?** [9...e5] **10.Db3** [10.e3 e5
11.de5 de5 12.Dc2 Lg4= Dschandsch-
gawa - Gelfand, UdSSR 1988] **10...Db6**
[10...Ld7 11.d5!; 10...a5!?] **11.e3**
[11.c5!? dc5 12.Sc4 Da6 13.dc5 Se4
14.Tfc1!? Sc5 15.De3 Sd7 16.a3!?⩲]
**Ld7 12.Tac1** [12.c5 dc5 13.Sc4 Da6
14.dc5 Sa5=] **Sa5 13.Dd3 Tac8 14.Tfd1
h6! 15.b3** [15.Lf1! Ted8 (15...e5 16.c5!
Dd8 17.de5 de5 18.Se4±) 16.Se4±]
**15...Da6** [15...e5?! 16.c5!? dc5 17.de5
Lb5 18.Df5±]

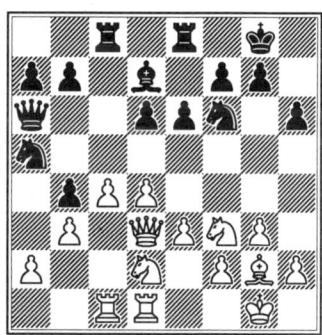

**16.Lf1** [16.Se4!? Se4 17.De4 Sc6±] **e5
17.Se4 Se4 18.De4 Dc6** [18...f5!
19.Dh4 e4 20.c5 Lb5 21.cd6!; 20...b5=]
**19.Sd2?!** [19.Dc6! Lc6 20.Se1△ Sc2±]
**b6** [19...Dd7 20.de5!? de5 21.c5 Sc6
22.Sc4±] **20.de5?** [20.Dc6 Lc6 21.Lg2

Lg2 22.Kg2 ed4! 23.ed4 Sc6=; 20.Lg2
f5! 20.Dh4 f5!=] **de5 21.Dc6?** [21.Dd3]
**Lc6 22.Lg2 e4∓ 23.g4! Sb7 24.Sf1 Sc5
25.Sg3 g6 26.Kf1 a5** [26...b5 27.cb5
Lb5 28.Kg1 Ld3 29.f3! mit Gegenspiel]
**27.Td6 Kf8 28.Tb1 Te6 29.Td4 Ta8
30.Tb2 Ke7** [30...a4!?] **31.Se2 Td6
32.Tbd2 Tad8 33.Td6 Td6 34.Sd4 Ld7
35.h3 h5 36.f3 ef3** [36...Kf6 37.gh5 gh5
38.h4; 36...hg4!? 37.fg4 f5∓] **37.Lf3 hg4
38.hg4 Le8** [38...g5!?] **39.Kf2 Td8 40.Td1
Ld7 41.Kg3 Tc8 42.Ld5 Th8 43.Lf3 g5
44.Sc6?!** [44.Lc6! Le6 45.Ld5=] **Lc6
45.Lc6 Td8 46.Ld5 Se4 47.Kf3 Sc3
48.Td2 b5 49.e4 bc4 50.bc4 Kf6** [50.
...a4!? 51.c5 b3 52.ab3 a3! 53.b4! a2 54.
Ta2 Sa2 (54...Td5? 55.ed5 Sa2 56.b5)
55. La2 Td3 56.Ke2 Td4 57.Ld5 Tb4 58.
c6 Tb2 59.Kf3 f6 (59...Kd6 60.Lf7 Kc6
61.Le6 =) 60.Kc3 Kd6 61.Kf3 Ke5 62.Ke3
Tc2 63.Kd3 (63.Kf3 Kd4 -+) Tc5 64.Ke3
Tc3 65.Kd2 Kd4 66.Ke2 Tc2 67.Kf3 =]
**51.c5 Ke5 52.c6 a4 53.Le6! Td2 54.c7
Td3 55.Kg2 Td2 56.Kf3 Tf2!? 57.Kf2
Se4 58.Ke3 Sd6 59.Lf7** [59.c8D Sc8
60.Lc8 a3 61.Lf5 =] **remis** (Gelfand)

**34**
Englische Eröffnung (A 29)
**Uhlmann - Gelfand**
Debrecen 1989

**1.c4 Sf6 2.Sc3 e5 3.Sf3 Sc6 4.g3 Sd4
5.Lg2 Sf3 6.Lf3 Lb4 7.Db3 a5 8.0-0 0-0
9.Td1!? d6** [9...Te8 10.d4 e4 11.Lg2
h6±; 9...Lc5 10.e3±] **10.d4 ed4 11.Td4
Sd7?!** [11...Lc5 12.Td1 La7!? (12...h6
13.Sa4±; 12...Sg4 13.Sa4 La7 14.c5)
13.Lg5 h6 14.Lf6 Df6 =] **12.Dc2 Se5**
[12...Lc5 13.Th4 h6 14.Ld5!] **13.Le4 h6
14.Sa4!** [X Lb4] **Df6** [14...Ld7 15.Lb7
Tb8 16.Lg2 La4 (16...De8 17.Sc3 Lc5
18.Td1 Sc4 19.Se4) 17.Da4 Lc5 18.Td1
Tb4±] **15.a3 Lc5** [15...Sg4? 16.Lh7 Kh8
17.Tf4 +-] **16.Lh7** [16.Sc5 dc5 17.Td1
Sc6] **Kh8 17.Tf4 De7 18.Sc5 dc5 19.Lf5**

Ta6 **20.Ld2?!** [20.Lc8 Tc8 21.Df5 De6 =;
20.Le3 Lf5 21.Df5 Te6 22.Te4±] **Lf5 21.
Df5 Tf6 22.De4?** [22.Dc2 Tf4 23.Lf4 Sc6
=] **Te6! 23.Df5** [23.Db7? Sc6∓] **Sg6 24.
Tf3**

**24...Te5** [24...Te2!? 25.Te3 (25.La5 Se5∓)
Te3 26.Le3 b6 27.Td1 Se5∓] **25.Dh3 Te2
26.La5 Se5** [26...Tb2? 27.Lc3 △ Dh6 +-;
26...De4 27.Df5 Se5 28.De4 Te4 29.
Tf4!?=] **27.Tf4 Sd3** [27...Tb2 28.Te1] **28.
Lc3! f6 29.Tf3 Sb2** [29...De4 30.Df5=]
**30.Lb2 Tb2 31.Te3 Df7 32.Tae1! Td2**
[32...Dc4? 33.Te8 +-] **33.Dg4** [33.Te7!?
Dc4 34.Tc7 Dd4 35.Df5 =] **Td7** [33...Td4
34.Df3 =] **34.h4!? b6?!** [34...h5!?] **35.h5
f5 36.Dg6 Td6** [36...f4 37.Te8; 36...Dg6
37.hg6 =] **37.Df7** [37.Te6!? Te6 38.Te6
Dd7∓] **Tf7 38.Te8 Kh7 39.Tc8** [39.T1e6!?
Te6 40.Te6 Td7 41.Tc6 Td3 42.Tc7 Ta3
43.Tb7 =] **g6**

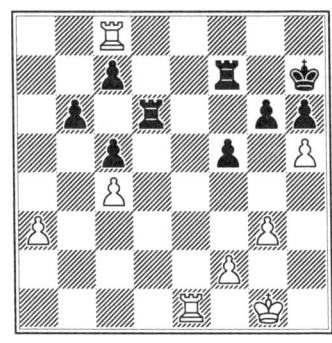

**40.hg6 Kg6?!** [40...Tg6 △ f4±] **41.a4?**
[41.Kg2=] **f4! 42.g4** [42.gf4!? Tf4∓]
**42...Td4 43.Te6 Kg7 44.Tc6 Tc4 45.**
**T8c7 Tc7 46.Tc7 Kf6 47.Tc6 Kg5 48.**
**Tb6 Ta4 49.Tc6 Tc4!? 50.Kg2** [50.f3
Kh4 -+] **Kg4 51.Th6 f3 52 Kh2 Td4 53.**
**Tg6** [53.Te6 c4 54.Te7 Kf4 55.Te8 (55.
Kh3 Td8 -+) Td2-+] **Kf5 54.Tc6 c4 55.**
**Kg3 Ke4 56.Te6 Kd3 57.Kf3 c3 58.Te3**
**Kd2 59.Te2 Kd1 60.Ta2 c2 61.Ta1 c1D**
**62.Tc1 Kc1 63.Ke3 Tb4 0:1** (Gelfand)

---

**35**
Grünfeldindisch (D 85)
**Gelfand - Kindermann**
Debrecen 1989

**1.d4 Sf6 2.c4 g6 3.Sc3 d5 4.cd5 Sd5 5.**
**e4 Sc3 6.bc3 Lg7 7.Sf3 c5 8.Tb1 0-0 9.**
**Le2 cd4 10.cd4 Da5 11.Ld2 Da2 12.0-0**
**De6 13.Dc2 Dd6!? 14.d5!?** [14.Tfc1
Sc6!? 15.d5 Sd4∞] **b6?!** [14...Sa6∞]
**15.Lb4 Dd8 16.Tfd1! Sa6** [16...La6 17.
e5 Le2 18.De2±; 16...Lg4 17.e5!? (17.
Sd4 Le2 18.De2⩱; 17.d6 ed6 18.Ld6
Te8 19.Lb5 Sd7∞) Lf3 (17...Sd7 18.e6
fe6 19.de6 Le6 20.Lc4 +-) 18.Lf3 Sa6
19.La3±] **17.La3 Sc5** [17...Lb7 18.
Da4!±] **18.Sd4!** [18.Lc5 bc5 19.Dc5 Lg4
20.Tb7 Sd6!=] **Ld4** [18...Dd6 19.Lc5 bc5
(19...Tc8 20.Sc6 +-) 20.Dc5 △ Sc6±]
**19.Td4 Dd6 20.Dc3** [20.Dd2?! Se4 21.
De3 Sc5∞; 20.Dc1!? a) 20...e5 21.Tc4
La6 22.Tc5 bc5 23.Lc5 Df6 (23...Tfc8
24.Ld6 Tc1 25.Tc1 Le2 26.Le5 +-) 24.
Lf8 Tf8 25.La6 Da6 26.Dc3±; b) 20...f5
21.Dh6 fe4 22.Te4 mit Angriff] **20...Df4?!**
[20...Ld7 21.De3 f6 22.f4±; 20...f5 21.
Lb2±] **21.Lb5!?** [21.g3! Se4 22.De1 De5
23.Tdb4 Sc3! (23...Dd5? 24.Lf3 f5 25.
Te4+-) 24.Lf3 De1 25.Te1 Lb7∓; 23. Lb2!?;
21.Lc5 bc5 22.Dc5 Dd6 23.Dc6 Ld7 24.
Dd6 ed6 25.Tb7 Tfd8 =] **21...Ld7** [21...e5
22.Tc4±] **22.Ld7 Sd7 23.Le7 Tfe8** [23.
...Tfc8 24.Tc4 Tc4 25.Dc4 Se5 26.De2±]

**24.g3?** [24.d6 Tac8 25.Tc4!! De4
(25...Tc5 26.Tc5 Sc5 27.Dd4 +-) 26.Tc8
Db1 27.Dc1 Dc1 28.Tc1 f5 29.Tc7 Sf8
(29...Sc5 30.Tc5+-) 30.h4 +-] **24...De5**
**25.La3 Tac8 26.Dd2** [26.De3 Tc2 △
Tec8∞; 26.Dd3!?±] **Tc2! 27.Dc2 Dd4**
**28.Te1 Sc5 29.Lc5** [29.Lb2 Dd3 30.Dc1
Se4 (30...Te4 31.Td1±) 31.Te3 Dd5 32.
f3 Sd6 33.Dc3 f6 34.Df6 Dd1 35.Kg2
Dc2 =; 29.Kg2!? Se4 30.f3 Sf6 31.Lb2
Db4! 32.Te8 Se8∞; 29...f5!?] **29...bc5**
**30.Td1** [30.Kg2?! c4] **De4 31.Dc5 Df3!**
**= 32.Tc1** [32.Dd4? Te4∓] **Td8 33.Te1**
**Td5** [33...Dd5? 34.Te8 +-] **34.Te8 Kg7**
**35.Df8 Kf6 36.De7 remis** (Gelfand)

**36**
Damenindisch (E 16)
**Gelfand - Goldin**
Moskau 1989

**1.d4 Sf6 2.c4 e6 3.Sf3 d5 4.g3 Lb4**
**5.Sbd2!? 0-0 6.Lg2 b6 7.0-0 Lb7 8.cd5**
**ed5 9.Se5 Te8!? 10.a3!?** [10.Sdc4 h6!
11.Se3 Lf8] **Lf8 11.b4 Sbd7** [11...c5
12.bc5 bc5 13.Tb1!] **12.Lb2 c5 13.bc5**
[13.b5 cd4!? 14.Sd7 Dd7∞; 13.Sd7 Sd7
14.dc5 bc5 15.Sb3 cb4 16.ab4 a) 16.
...Lb4 17.Dd4 Lf8 18.Sa5±; 17.Lg7!?; b)
16...Db6! 17.Sa5 (17.Ld5!? Lb4 18.Lf7
Kf7 19.Dd7 Te7⊠) Db4 18.Sb7 Db2 19.
Ld5 Sf6 20.Sd6!? (20.Lf3 Se4!=) Sd5

21.Se8∞] **bc5 14.Tb1 Dc7 15.e3!?**
[15.Sd7 Sd7 16.dc5 Sc5 17.La1 Se4 =;
15.La1!? cd4 (15...Tab8!?) 16.Sd7 Sd7
17.Sb3!? La3 18.Dd4⹖; 17.Ld4]

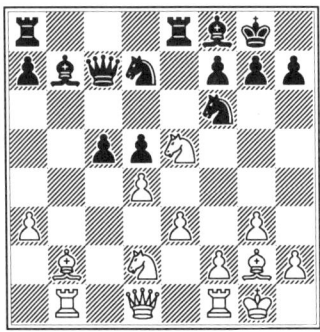

**15...Se5** [15...c4 16.Lc3±] **16.de5 Sd7**
[16...Se4?! 17.Se4 de4 18.Dc2 Sc6
19.La1 △ Tb7±] **17.f4** [17.La1 (△
17...Se5?! 18.Le5 Te5 19.Sc4±) Tad8]
**Tad8 18.Dc2** [18.a4 c4!? 19.Ld4 Sc5∞]
**Sb6 19.a4** [19.Sf3?! Sc4 20.Sg5 g6
21.Lc1 La6!∓; 19.f5 Te5! 20.Le5 De5⹖]
**19...Lc6?!** [19...d4! 20.Lb7 (20.ed4 Lg2
21.Kg2 Dc6 =) 20...Db7 (20...d3 21.Db3
Db7 22.a5±; 20...de3 21.Se4 Db7 22.
Sg5 g6 23.f5 mit Angriff) 21.ed4 cd4
22.Se4∞] **20.a5 Sa4 21.La1 Da5?** [21.
...c4 22.Sf3 Sc5±] **22.Sf3 h6** [22...d4
23.ed4 Lf3 24.Lf3 cd4 25.Lc6 +-; 22.
...Dc7 23.Sg5 g6 24.f5 +-] **23.g4!** [23.f5
Sb6 24.e6 f6] **Sb6 24.g5 +- Da4 25.Df2
hg5** [25...h5 26.g6! +-] **26.Sg5 Le7 27.
e6! f6 28.Sf7 Tb8?** [28...Tf8] **29.Dh4 1:0**
(Gelfand)

**37**
Spanische Partie (C 60)
**Gelfand - Drejew**
Moskau 1989

**1.e4 e5 2.Sf3 Sc6 3.Lb5 Sge7 4.0-0 g6
5.c3 Lg7 6.d4 ed4 7.cd4 d5 8.ed5 Sd5
9.Te1 Le6 10.Lc6 bc6 11.Lg5 Dd6 12.**

**Sbd2 0-0 13.Dc1 Tfe8 14.Se4**
[14.Sc4!?] **Db4 15.Ld2 Db5!? 16.Se5
Lf5 17.Sg3?!** [⊡ 17.Sc5!?±] **Se7!** [17.
...Lc8 18.Lh6±] **18.Lh6?!** [18.b3±] **Lh6**
[18...Lh8 19.Sf3 △ Lg5] **19.Dh6 f6** [19.
...Db2? 20.Sc6 Sc6 21.Sf5 gf5 22.Dc6
+-] **20.Te3!?** [20.Sf3 Db2∓; 20.Te4 Le4
21.Se4 Sd5!; 20.Dh4 fe5 (20...Kg7 21.
Sg4±) 21.Te5 Sd5 22.Sf5 (22.Tf5 gf5 23.
Sf5 Kh8 24.Dg3 Te7 ∓) gf5 23.Tae1 Te5
(23...c5!?) 24.Dg3 Kf7 25.Te5 (25.De5
Tf8! -+) Te8 26.Tf5 Sf6!! 27.Dc7∓; 20.
Tac1 Dd5! (gute Postierung: Diagonale
a2-g8); 20.b3! fe5 (20...Dd5 21.Sf3=) 21.
Te5] **20...fe5 21.Te5 c5** [21...Sd5 22.
Tf5!±]

**22.Dg5** [22.Tae1 Sd5!? (22...Dd7) 23.
Sf5 gf5 24.Dg5 Kh8 25.Df5 Tf8!?] **Dd7
23.Tae1** [23.Sh5 h6!! 24.Dh6 gh5 25.
Dg5 Kf7 26.Tae1 Dd6 -+; 23.d5 h6! 24.
Dh6 Sd5 25.Sf5 Te5 26.Dg6 Kh8 -+]
**Sc6!± 24.Sf5 Se5 25.Sh6 Kg7 26.de5
Dd8! 27.h4** [27.Dc1 Dh4 -+] **Dg5 28.hg5
Tab8** [28...Tad8!?] **29.Te2 Tb4 30.f3
Td4 31.Sg4 Ted8?!** [31...Kf7!? 32.Te3
(33.Sf6 Ted8 33.Tc2 c4 34.b3 Ke6! -+)
Tb8∓] **32.e6! Te8 33.Te5 Te7 34.Tc5
Td1 35.Kh2 Td6 36.Se5! Tde6 37.f4=
Td6 38.Ta5 c6 39.Ta6** [39.b4!? Td5!?]
**Tc7 40.b3 h6 41.gh6 Kh6 remis** (Gelfand)

**38**
Damengambit (D 34)
**Eingorn - Gelfand**
Tallinn 1989

1.d4 Sf6 2.c4 e6 3.Sf3 d5 4.Sc3 dc4
5.Lg5 a6 6.a4 Sc6!? [6...Lb4] 7.e3!?
[7.e4 Sa5 8.e5 h6 9.Lh4 g5 10.Sg5 hg5
11.Lg5 Le7 12.ef6 Lf6∞] Sa5 8.Se5 c5
[8...Le7 a) 9.Sc4 Sc4 10.Lc4 c5 11.Lf6
(11.0-0 cd4 12.ed4 0-0=) Lf6 12.dc5 Lc3
13.bc3 Dd1 14.Td1 Ld7 =; b) 9.Lc4
Sd7!? (9...c5± - 8...c5) 10.Le7 De7
11.Sd7 (11.La2 Se5 12.de5 Dc5 =) Sc4
12.Sc5±] 9.Lc4 Le7 [9...Db6? 10.0-0
Db2 11.Dc1±; 9...cd4 10.ed4 Sc4 11.
Sc4 Le7 12.a5!±] 10.0-0 [10.Ld3!?] cd4
11.ed4

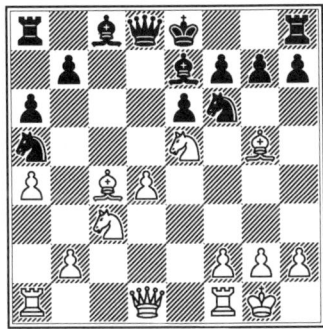

Sc4?! [11...0-0 12.Ld3 Sc6 13.Te1 Sd4
14.Te3 Sf5; 13.Sf3±] 12.Sc4 a5 13.d5!
[13.Tc1 0-0 14.Se5±] ed5 [13...Sd5
14.Le7±] 14.Lf6 Lf6 15.Sd5 Le6 [15.
...0-0 16.Scb6 (16.Df3 Le6 17.Tfd1±)
Ta6 17.Sc8 Dc8 18.Db3±] 16.Sf6 Df6
17.Sd6 Kf8 18.Sb7?! [18.Dc2 h5 (18.
...g6 19.Dc5) 19.Sb7 h4 20.Sc5±; 18.
Dd2!? h5 (18...Td8 19.Ta3!?±) 19.f4! ±]
18...De7 19.Dd6 Dd6 20.Sd6 Ke7! 21.
Sb5 Thd8 22.Sc7 [22.Tfd1 Tab8 (22.
...Td1 23.Td1 Tb8 =) 23.Sd4 Kf6 24.Se6
Td1 25.Td1 Ke6 =] Tab8 = 23.Se6 fe6
24.Tab1 Td2 25.b3 Td3 26.Tfe1 Tbb3
27.Tb3 Tb3 26.f4! Tb4 remis (Gelfand)

**39**
Königsindisch (E 94)
**Gelfand - Iwantschuk**
Kramatorsk 1989

1.d4 Sf6 2.c4 g6 3.Sc3 Lg7 4.e4 d6
5.Le2 0-0 6.Sf3 Sbd7 7.0-0 e5 8.Le3 c6
9.d5 c5 10.Se1 Se8 11.g4!? [11.a3]
Dh4? [11...Kh8!?±; 11...f5!?] 12.Kh1!
[12.g5 Sb6 13.Sg2 Dh3 14.Dd2 Lg4!?
15.f3 Lh5 16.b4∞] Kh8 13.Tg1 [△ g5 X
Dh4] De7 14.a3 [14.Sd3!?] Sdf6 [14...f5
(△ 15.gf5 gf5 16.ef5 e4!? mit Gegenspiel) 15.g5!±] 15.b4 b6 16.Sd3 Sg8 17.
a4 f5 [17...a5 18.bc5 bc5 19.Tb1±; 17.
...Lh6 18.g5 Lg7 19.a5 Tb8 20.ab6 ab6
21.Sb5±] 18.g5?! [18.a5!? Tb8 19.ab6
ab6 20.f3±]

18...Df7 [18...f4 19.Ld2 h6 20.gh6 Sh6
21.Tg6±; 18...h6! 19.a5 Tb8 20.ab6 ab6
21.gh6 (21.h4?! f4 22.Ld2 hg5 23.hg5
Lf6! 24.Lg4 Lg5 25.Lc8 Tc8 26.Dg4?
Dh7! 27.Kg2 f3 -+) Lh6 22.Lh6 Sh6 (23.
Tg6? Dh7! X e4, mit Gegenspiel) 23.f3!?
±] 19.a5 Tb8 20.f3± h6 21.ab6 ab6
22.h4 f4 23.Lf2 hg5 24.hg5 Lf6 25.Tg2!
[25.gf6? Dh7 -+] Ld8 26.Sb5 +- Se7 27.
Th2 [27.bc5 bc5 28.Sd6! Sd6 29.Se5
Dg7 30.Lc5! +-] 27...Kg8 [27...Kg7 28.
bc5 bc5 29.Sd6] 28.Lf1 [28.bc5 bc5 29.
Sd6!?] Dg7 29.Sa7 [29.Ta7!?] Ld7 30.
bc5 bc5 31.Lc5!? dc5 [31...Sc8!? 32.
Lf2 Lg5 33.c5] 32.Sc5 Sc8 [32...Lc8 33.

Sc8 Tc8 34.Se6 Df7 35.c5] **33.Sd7 Dd7**
**34.Lh3 Dc7 35.Le6 Kg7** [35...Tf7 36.
Sc8 (36.Sc6) Tc8 37.Df1] **36.Sc8 Tc8**
**37.Dg1!** [△ 38.Ta7, △ 38.Th7!!; 37...Tf7
38.Dg4 Sd6 39.Lc8 Sc8 40.c5 +-] **1:0**
(Gelfand)

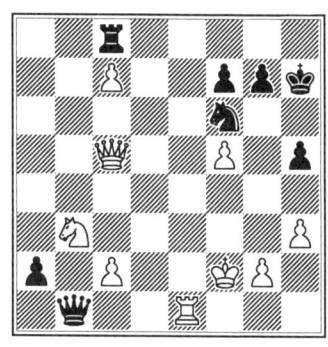

**40**
Sizilianisch (B 92)
**Asejew - Gelfand**
UdSSR 1989

**1.e4 c5 2.Sf3 d6 3.d4 cd4 4.Sd4 Sf6**
**5.Sc3 a6 6.Le2 e5 7.Sb3 Le7 8.0-0 Le6**
**9.Le3 Sbd7 10.f4 Dc7 11.f5 Lc4 12.a4**
**0-0 13.a5 b5 14.ab6 Sb6 15.Kh1 Tfc8**
**16.Ta2!?** [Minic; △ 17.Lb6 Db6 18.Lc4
Tc4 19.De2 Tac8 20.Tfa1; 16.Lb6 Db6
17.Ta4 (17.Lc4) Lb5! 18.Sb5 (18.Lb5
ab5 19.Ta8 Ta8=) ab5 19.Ta8 Ta8 20.
Sd3 Ta4 21.Sd2 remis, Anand - Gelfand, Moskau 1989] **d5! 17.Lb6 Db6 18.**
**ed5** [18.Sd5? Ld5 19.ed5 Se4∓] **Lb4**
[18...Lb3?! 19.cb3 Lb4 20.Lc4! Lc3 21.
bc3 Se4 22.De1±] **19.Lc4 Tc4 20.De2**
**Tf4!** [20...Tac8 21.Sd2±] **21.Taa1!** [21.
Tf4 ef4 △ Te8∓] **Lc3 22.bc3 Sd5** [22.
...Te4 23.Dd3 (23.Dd2 Td8 24.Ta5
Sg4∓) Te3 24.Dc4 Se4 25.Tf3! (Smirin;
25.Dc6 Dc6 26.dc6 Tc3 27.Sa5 Tc8∞)
Dh6 26.Dc6! Dc6 27.dc6±; 22...Tf1!?
23.Tf1 Sd5 24.De5 - 22...Sd5] **23.De5**
[23.Tf4 ef4 24.Df3 Td8 25.c4 Se3! =] **Tf1**
**24.Tf1 Sf6 = 25.c4** [25.Dc5 Dc5 26.Sc5
=] **a5** [25...Te8 ⊠ Asejew] **26.c5 Db5 27.**
**Kg1** [27.Ta1 a4 28.Sd4 Dc4∞] **a4 28.**
**Sd4 Db2! 29.c6 a3 30.Dc5!** [30.c7? Se8
-+] **Se4** [30...a2 31.c7 a1D 32.c8D Se8
33.Se6! +- △ 33...Da7 34.Da8!] **31.Dd5**
**Sf6 32.Dc5 h5!?** [32...Se4 =] **33.c7 Tc8**
**34.Sb3 Kh7** [34...Se8? 35.Te1] **35.Te1**
**a2** [35...Se8!? 36.f6! (36.Te8 Te8 37.c8D
Db1 -+; 36.Df8 Tc7! 37.Te8 Db1 38.Kf2
Tc2 -+) Df6 37.Da3 =] **36.h3 Db1** [36.
...Se8?! 37.Df8] **37.Kf2**

37...Se8?! [37...a1D 38.Sa1 Da1 39.Ta1
Se4 40.Ke3 Sc5 41.Ta7 Sa6 (41...Sd7
42.Kd4 Sf6 43.Kc5 Se8 44.Kc6 +-) 42.
Ta6 Tc7 43.Kd2±; △ 37...Db2 =] **38.**
**Te8?** [38.f6! g6 39.Te7 (39.Te8 Te8 40.
c8D De1 41.Kf3 De4 42.Kg3 h4 43.Kh2
Df4 44.Kh1 Df1 45.Kh2 Te1?? 46.Dh8
Kh8 47.Df8 Kh7 48.Dg7; 45...Df4=) Sd6!
(39...Db3 40.cb3 a1D 41.Tf7 Kh6 42.h4!
+-) 40.h4 (△ 41.Dd6 Dc2 42.Sd2 a1D
43.Tf7 Kh8 44.Th7! +-; 40.g3 Ta8!∞)
Dd1! 41.Te1 a1D!! 42.Sa1 Dd2 43.Kf1
Sf5 mit Gegenspiel] **38...Te8 39.c8D**
**De1 40.Kf3 De4 41.Kg3** [41...h4 42.Kh2
Df4 43.Kh1 Df1! 44.Kh2 (44.Dg1 Dg1 45.
Kg1 Tc8) Te1!! -+] **0:1** (Gelfand, Kapen-
gut)

**41**
Nimzowitschindisch (E 35)
**Gelfand - Balaschow**
UdSSR 1989

**1.d4 Sf6 2.c4 e6 3.Sc3 Lb4 4.Dc2 d5**
**5.cd5 ed5 6.Lg5 h6 7.Lh4!? c5 8.dc5**
**Sc6 9.e3 g5 10.Lg3 Se4!? 11.Sf3 Df6!?**
**12.Tc1!?** [12.Sd4? Sd4 13.ed4 Dd4 14.
Lb5 Kf8 ∓; 12.Sd2 Sc3 13.bc3 Dc3 14.
Dc3 Lc3 =] **Lf5!? 13.Ld3 h5 14.h4?!** [◻
14.Sd2] **g4 15.Sg5 Sc3?!** [15...Lc3?! 16.
bc3 Sg3 17.fg3 Ld3 18.Dd3±; 15...Sg3
16.fg3 Ld3 17.Dd3 0-0-0 18.Tf1 Se5! 19.

32

Dd4 De7! 20.Ke2 Lc3 21.Tc3 f6 22.c6
bc6 (22...fg5? 23.c7! Td7 24.Da7 +-)
23.Sf7? Sf7 24.Tc6 Kb7 25.Tcf6∓]
16.bc3

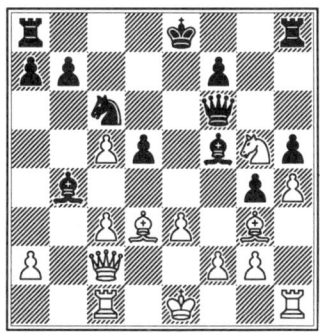

16...Dc3! 17.Dc3 [17.Ke2!? Dd3 (17.
...Dc2 18.Tc2 Ld7 19.Ld6±) 18.Dd3 Ld3
19.Kd3 Sd8 (19...Td8 20.f3±) 20.e4! f6
21.ed5 fg5 22.hg5⩲] Ld3 18.Ld6! [18.f3
0-0 △ Tfe8, f6 X Sg5] Lf5 [18...Lc4 19.
Se4!] 19.f3 Lc3 20.Tc3 f6 21.fg4 [21.
e4? d4 22.Tb3 Lc8 23.f4!? fg5 24.hg5
Kf7 25.f5 Te8! -+] Lg4 [21...hg4? 22.0-0
(22.Tf1 fg5 23.Tf5 gh4 24.Tb3 h3) fg5
23.Tf5 gh4 24.Tb3±] 22.Sf3 [22.Sh3
0-0-0 23.Sf4 d4!] Lf3! [22...0-0-0 23.0-0
△ Sd4! ±] 23.gf3 Kd7 24.Tb3 [24.Td3
Ke6 25.Kf2 Thg8 26.Thd1 d4! 27.ed4
Kd5 △ b5⩲] b6 = 25.Kf2 Ke6 [25...Thg8!?]
26.Tg1 Thg8 27.Tg8 Tg8 28.Tb5 Tc8
[28...Sa5 =] 29.Lf4 bc5 30.Tc5 Se7 31.
Tc8 remis (Gelfand)

42
Königsindisch (E 81)
**Gheorghiu - Gelfand**
Palma de Mallorca 1989

1.d4 Sf6 2.c4 g6 3.Sc3 Lg7 4.e4 d6 5.f3
0-0 6.Le3 c5 7.dc5 dc5 8.Dd8 [8.Lc5!?
Sc6 9.Le3 Sd7! 10.Tc1!? Da5 11.Sh3
Td8∞ Dlugy - Gelfand, Palma de Mallorca 1989] 8...Td8 9.Lc5 Sc6 10.Sd5

[10.Td1; 10.Sge2] **Sd7 11.Le7** [11.
Se7?!] **Se7 12.Se7 Kf8 13.Sd5** [13.
Sc8?! Lb2 14.Tb1 Lc3 15.Kf2 Ld4! 16.
Ke1 Tac8∓] **Lb2 14.Tb1 Lg7 15.Se2!?**
[15.h4 Sc5 16.h5 g5 ⩱ Vogt] **15. ...Sc5**
[15...Se5! 16.Sec3 b6 17.f4 △ e5±; 15.
...Sb6 16.Sef4 Ld7 17.Le2 Tac8 18.
0-0±] **16.Sc1** [16.Sef4 Ld7 17.Le2
Tac8⩱; 16.Sec3!?] **Le6 17.Sd3 Tac8!⩱**
[17...Sa4 18.Tb7 Tab8 19.Tb3!±] **18.
Le2?!** [18.Sc5 Tc5 19.Tb3! b5 (19...Ta5
20.a3) 20.Tb5 Tb5 21.cb5 Ld5 22.ed5
Td5 =] **Sa4! 19.S3f4** [19.Tb7 Tc4 20.Ta7
Sc3!∓] **g5** [19...Sc3?! 20.Se6 fe6 21.
Sc3 Lc3 22.Kf2 Td2 23.Thd1! =] **20.Sh5
Lc3! 21.Kf1 Ld4** [21...Le5!?] **22.h4 Ld5**
[22...Sc3?! 23.Sc3 Lc3 24.hg5; 22...h6
23.hg5 hg5 24.Shf6] **23.ed5?** [23.cd5
Sc3 24.Tb4! (24.Tb7 Se4!∓) Le5 (24.
...Lb6 25.Tb6! ab6 26.Kf2∞) 25.hg5 Sa2
(25...Se2 26.Ke2 Tc2 27.Ke3!=+) 26.
Tb1 Sc3 27.Te1 Se2 28.Te2 Tc1 29.Te1
Tdc8 30.Kf2 T8c2 31.Ke3 Tc3 32.Kf2
Te1 33.Te1 a5 34.Td1!∞] **23...Sc3 24.
Tb7 Tb8**

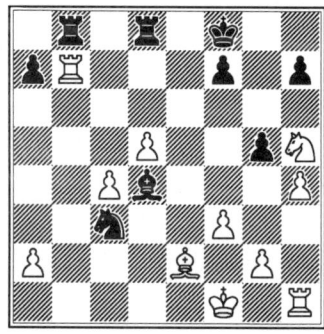

[24...Te8?! 25.Sg3=] **25.Tb3** [25.Tb8
Tb8 26.Ld3 Tb2 -+] **Sa2 26.Td3** [26.Tb8
Tb8 27.g4 Sc3 △ a5-a4 -+] **Tb1 27.Ld1**
[27.Td1 Tdb8! △ Sc3 -+] **Lb6!-+** [27.
...Sc3?! 28.Td4 Sd1 29.Ke2 Sc3 30.Kd3
Th1 31.Kc3 mit Gegenspiel] **28.Sf6 Sb4
29.Ke2** [29.Td2 Le3 30.Ke2 Ld2 31.Kd2
a5 32.hg5 a4 33.Th7 a3] **Sd3 30.Kd3 a5**

31.hg5 a4 32.Se4 [32.Kc2 Tb4] a3 33. Sc3 Ta1 [33...La5! -+] 34.Kc2 Ld4 35. Sb5 a2 36.Kb3 Ta8 0:1 (Gelfand)


**43**
Nimzowitschindisch (E 32)
**Gelfand - King**
Palma de Mallorca 1989


1.d4 Sf6 2.c4 e6 3.Sc3 Lb4 4.Dc2 0-0 5. a3 Lc3 6.Dc3 b6 7.Lg5 Lb7 8.f3 h6 9. Lh4 d5 10.e3 Sbd7 11.Sh3 c5 12.cd5 ed5 13.Ld3!? g5!? 14.Lg3 cd4 15.Dd4 [15.ed4 Te8 16.Kf1 Tc8 17.Dd2 Sh5∞] Sc5 16.Lc2 Tc8 [16...La6?! 17.0-0-0!±] 17.0-0 Se6 18.Dd2 [18.Dd3 La6! 19.Da6 Tc2 20.Le5 d4!] 18...d4 [18...Te8 19. Tad1 △ Le5±] 19.e4?! [19.Lf5 de3 20. De3 Dd5! =; 19.Tad1 de3 20.De3 Tc2! 21.Td8 Td8 22.Sf2 Tdd2⩲] Sh5 20.Lf2 [20.f4?! La6∓; 20.Sf2 Sg3 21.hg3 Dc7!?] 20...Df6 [20...La6!? 21.Tfd1 Df6 22.Lb3 Lc4 23.Lc4 Tc4 24.b3 Tc3 25.Ld4 Sd4 26.Dd4 Dd4 27.Td4 Tb3∓] 21.Tfe1 Tfd8

22.Ld3! = De5 23.Tad1 Lc6?! [23...Shf4 24.Sf4 Sf4 25.Lg3 =] 24.Lc4! La4 25. Le6 De6 26.Tc1 d3 [26...Tc1 27.Tc1 g4?! 28.fg4 Dg4 29.Dh6 △ Sg5±] 27. Tc8 Dc8 28.Le3 [28.Tc1?? Dc1!] Dd7 [28...Sg7!? 29.Tc1 Dd7 30.Sf2 Se6∞] 29.Tc1 Lc2?! [29...Sg7] 30.Sf2± Dd6 [30...Sf4?! 31.Sg4!] 31.Sg4 Kh7 [31.

...Sf4 32.e5] 32.e5 Dd5 33.h4! +- [33. Lg5? hg5 34.Dg5 Dd4! 35.Kh1 d2 36. Dh5 Kg8! -+] Da5 34.b4 Da3 35.Lg5! Sg3 [35...hg5 36.Dg5 Dc1 37.Dc1 Sg3 (37...d2 38.Dc2+-) 38.Sf6 +-; 35...Td4 36.Lh6 Db4 37.Dg5 +-] 36.Kf2 Se2 37. Tc2 dc2 38.Dd8 Db4 [38...hg5 39.Dg5; 38...c1D 39.Lc1 Sc1 40.h5 +-] 39.Sf6 Kg6 40.Dd3 Kg7 41.Dh7 1:0 (Gelfand)


**44**
Grünfeld-Verteidigung (D 85)
**Gelfand - Groszpeter**
Palma de Mallorca 1989

1.d4 Sf6 2.c4 g6 3.Sc3 d5 4.cd5 Sd5 5.e4 Sc3 6.bc3 Lg7 7.Sf3 c5 8.Tb1 0-0 9.Le2 b6 10.0-0 Lb7 11.Dd3 cd4 12. cd4 La6 13.De3 Dd7 14.La3 Le2 [14. ...Te8 15.Tfc1! J. Pribyl] 15.De2 Sc6 16. d5 Se5 [16...Sa5!? 17.Tfd1!? (17.Lb4 Tfc8⩲) Tfc8 18.e5 mit Initiative] 17.Se5 [17.Sd2?! (△f4) g5!=] Le5 18.f4 Ld6 [18. ...Lg7 19.Tbd1 Tac8 20.e5±] 19.Lb2 e6 20.Tbd1 [20.Dg4!? a) 20...Tad8 21.Lf6 Le7 (21...ed5 22.Dg5 +-) 22.de6 fe6 23. Tbd1 +-; b) 20...f5 21.Dh3 ed5 22.ed5 (22.Dc3?! d4!) Le7 23.Db3 Lf6 24.Le5±] Tae8 21.Dg4! [21.e5 Lc5 22.Kh1 ed5∞; 21.Df3 e5⩲] f5!? [21...Db5 22.Lf6 ed5 23.Dg5 Te6 24.f5 Tf6 (24...h6 25.Dh4) 25.Df6 Lc5 26.Kh1 de4 27.fg6 hg6 28. Tf4 Da4 29.Tdf1 Dd4±]

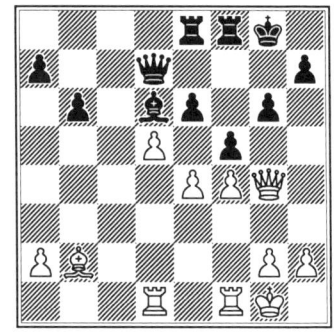

22.Dg3!? [22.Dh3?! e5] Db5 [22...fe4
23.de6 Te6 24.Dc3 Tff6 (24...Tef6
25.Db3 Te6 26.La3 +-) 25.Kh1!±] 23.
Le5 [23.Dc3? Dc5] Le5 [23...Dc5 24.
Ld4 △ e5,d6±] 24.fe5 fe4 25.d6 ± Dc5
26.Kh1 e3?! [26...Tf5 27.Tf5 ef5 28.e6
+-; 26...Db5!?] 27.Tfe1 Tf5 28.Te3 Tef8
29.h3 Tf1?! [29...T5f7] 30.Tf1 Tf1 31.
Kh2 +- Dc1 32.Dg5 Th1 [32...Tf5 33.
d7!?] 33.Kg3 Dg1 34.d7 [34...Dh2 35.
Kh4] 1:0 (Gelfand)

**45**
Damengambit (D 37)
**Gelfand - King**
Haifa 1989

1.d4 Sf6 2.c4 e6 3.Sc3 d5 4.Sf3 Le7 5.
Lf4 0-0 6.e3 a6!? 7.Dc2 [7.cd5 Sd5 8.
Sd5 ed5 (8...Dd5!? 9.Lc7 Lb4 10.Sd2
Sc6⯊) 9.Ld3±] Sbd7 8.Td1 [8.cd5; 8.
0-0-0!?] c6 [8...b6?! 9.cd5 ed5 10.Se5
Lb7 11.Le2±] 9.Le2 b5 10.c5?! [10.
Se5!? Lb7 (10...bc4 11.Sc6 De8 12.b3±;
10...Se5 11.de5 Sd7 12.cd5 cd5 13.
Ld3±) 11.c5±] 10...b4 [10...a5!?] 11.
Sa4 a5 12.Se5!? [12.g4!? Sg4 13.Tg1
Sgf6 14.Lh6 Se8∞] Se5

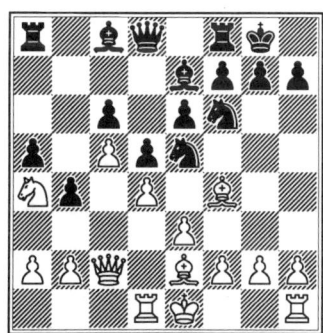

13.Sb6! [13.Le5 Sd7 14.Lg3 La6=] Ta7
14.Sc8 Dc8 15.Le5± Sd7 16.Lf4 f5 17.
h4?! [17.g4!? △ 17...g5 18.Ld6!?±] Ld8
18.Ld6 Tf7= 19.Da4 Le7 [19...Db7!? 20.

Tc1 Sf6 =] 20.Lf4 [20.Tc1!?] Lf6 21.Ld6
[21.a3?! e5 22.Lg5 ba3!?] Le7 [21...e5!?
22.f4 ed4 23.ed4 Sf8! =] 22.Tc1 Ld6 23.
cd6 Sb8! 24.a3 ba3 25.Da3 [25.ba3
Dd8 26.Tc5 Tfd7 27.0-0 Td6 28.g3 =]
Dd8 26.g3 Tfd7 [26...Tad7 27.0-0 Td6
28.Tc5⯊] 27.Ta1!= [27.0-0 Tb4∓] Db6
28.Ta2 Db4 29.Db4 ab4 30.Ta7 Ta7 31.
Kd2 Kf7 32.g4 Td7 33.Ta1 Td6 34.Ta4
Sd7 35.Tb4 c5?! [35...Sf6=] 36.dc5 Sc5
37.f3?! [37.gf5!? ef5 38.f3] fg4 38.Tg4
e5 39.b4 Se6 40.b5 d4! 41.Lc4 [41.
Tg1? d3!?] Kf6 42.Le6 [42.Tg1 Sc5 43.
Tb1 Sd7 =] de3 [42...Ke6 43.ed4 Td5!
(43...Td4 44.Kc3 Kd5 45.b6 Tg4 46.b7!
+-) 44.b6 (44.Tg7 Tb5 45.Tg5 Td5 46.
Te5 Te5 47.de5 Ke5 =) Tb5 45.Tg7 Tb6
46.Th7±] 43.Ke3 Ke6 44.Tb4 [44.Tg7
Tb6=] Kd7 45.b6 [45.Ke4 Tf6=] Kc8 46.
Ke4 Tf6

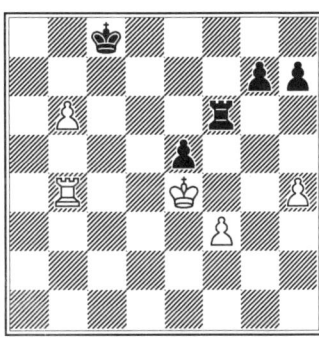

47.Tc4 Kb7 48.Tc7 Kb6 49.Tg7 Tf4?
[49...h5! 50.Tg3 Tf4 51.Ke5 Th4 52.f4
Th1=; 49...Kc6! 50.Ke5 Tf3 51.Th7 Tf1
=] 50.Ke5 Tf3 51.Th7 Kc6 [51...Tc3
52.Td7! Th3 53.Td4 Kc5 54.Te4 Th1 55.
Ke6 Kc6 56.Tc4 Kb5 57.Kd5 Th2 58.Td4
Th1 59.Kd6 Kb6 60.Tb4 +-] 52.h5 Tf1
[52...Td3 53.h6 Td5 54.Ke4 Th5 (54.
...Td6 55.Ta7! Kb6 56.h7 +-) 55.Th8 Th1
56.Kf5 Tf1 57.Kg6 Tg1 58.Kh7 Kd7 59.
Tg8 Tf1 (59...Th1 60.Tg6+-) 60.Tg4!!
(60.Tg5 Ke7 61.Kg6 Tf6 62.Kh5 Tf1!! 63.
h7 Kf7!=) Ke7 61.Kg6 Tf6 62.Kg5 +-] 53.

**Tg7 Te1 54.Kf6 Tf1** [54...Kd6 55.Tg4! (55.Tg5 Tf1 56.Kg7 Ke7 57.h6 Tf7 58. Kg6 Tf6 59.Kh5 Tf1!=) Tf1 56.Kg7 Ke7 57.Te4 Kd6 58.h6 +-] **55.Ke6 Te1 56. Kf7 Tf1 57.Kg8 Th1 58.Tg6 Kd7 59.h6 1:0** (Gelfand)

## 46
Benoni (A 70)
**Gelfand - Illescas Cordoba**
Amsterdam 1989

**1.d4 Sf6 2.Sf3 e6 3.c4 c5 4.d5 ed5 5. cd5 d6 6.Sc3 g6 7.e4 Lg7 8.h3 0-0 9. Ld3 a6 10.a4 Sbd7** [10...Sh5!?] **11.Lf4 De7 12.0-0 Tb8 13.Te1** [13.Dd2] **Se8** [13...Sh5 14.Lh2!? (14.Lg5 Lf6) Se5 15. Le2±] **14.Lf1!** [14.Dd2 Se5 15.Se5 de5 16.Le3 b6 △ a5, Sd6=] **b6** [14...Sc7? 15. e5! +-; 14...b5 15.ab5 ab5 16.Sb5 Lb2 17.Ta2 Lg7 18.Sa7!±; 14...Se5 15.Se5 de5 16.Le3 b6 17.a5 b5 18.d6!±; 15. ...Le5±] **15.Dd2** [15.Sd2!? Se5 16.Lg3 g5 17.Sc4!?±] **Se5 16.Sh2** [16.Se5 de5 17.Le3 a5! =] **Sc7** [16...f5 17.Lg5 (17.ef5 gf5 18.Lg5 Dc7 19.f4 Sg6 △ h6) Dc7 18. f4 Sf7 19.Lh4±] **17.Lg5 f6 18.Lh4 Df7?**

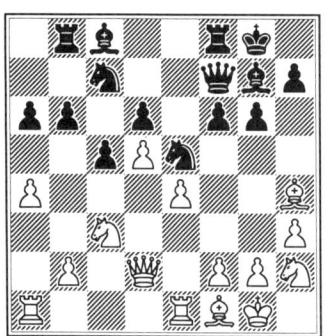

[18...g5 19.Lg3 Df7 (19...Ld7 20.Le2 △ Sg4±; 19...b5 20.ab5 ab5 21.Ta7±) 20. Sg4!? Lg4 21.hg4 h5! 22.gh5 Dh5 23. Le2±] **19.f4 Sd7** [19...Lh6 20.Lg3] **20. Sf3± Tb7** [20...b5 21.ab5 Sb5 22.Sb5 ab5 23.Ta7△ e5] **21.Lg3** [21.Tab1!? Te8

(21...b5 22.ab5 Sb5 23.Lb5 ab5 24. b4±) 22.b4 (22.Lg3!?) cb4!? 23.Tb4 Sc5 ±] **Te8 22.e5!** [22.Tab1!? △ b4±] **fe5 23.fe5 Se5 24.Le5 Le5 25.Se5 de5** [25. ...Te5 26.Te5 de5 27.d6 Se6 28.La6 Tb8 29.Lc4!?±] **26.Se4!** [26.d6±] **Td8 27. Dg5!** Tf8 28.De5 Se8 29.d6 [29.La6?? Te7] **Td7 30.a5?!** [30.Tac1 Dg7 31.Lc4 Kh8 32.Dg7 Tg7 (32...Sg7 33.Tf1 Tdd8 34.Sg5 +-) 33.Tf1 Lf5 34.g4 +-] **b5 31. Tad1 c4?** [31...Lb7? 32.Sc5 Td6 33. Sb7! (33.Td6 Sd6 34.Se6 Te8! 35.Dd6 Lc8 △ 36.Sg5? Da7∓) Td1 34.Td1 Db7 35.Le2±] **32.Le2!** +- **Df5** [32...Dg7 33. De6 Kh8 34.Sc5] **33.Dd4 Sf6 34.Lg4 Sg4 35.hg4 Df7 36.g5 Tdd8 37.Sf6 Kh8 38.Te7 1:0** (Gelfand)

## 47
Seltene Antworten auf 1.d4 (A 40)
**Douven - Gelfand**
Amsterdam 1989

**1.d4 e6 2.c4 Lb4 3.Ld2 a5 4.Sf3 d6 5. g3 Sc6 6.Lg2 e5 7.d5 Ld2 8.Dd2 Sb8 9.c5?!** [9.Sc3] **Sf6 10.cd6 cd6 11.0-0 Sa6 12. Sa3** [12.Sc3 Sc5 =] **Sc5 13.Tfc1?!** [13. Tac1] **b6!** [13...Sce4 14.De3 Sf2? 15. Df2 Sg4 16.De1 Db6 17.e3 Se3 18. Df2 +-; 13...Sfe4 14.De3 △ Se5±] **14. Sc4 0-0 15.Sh4** [15.b4 ab4 16.Db4 Ta4! -+; 15. Se1 La6 16.Sd3 Tc8∓] **Sfe4 16. Dc2** [16. De3 f5 17.Le4 fe4∓] **f5 17.Se3?** [17.Sd2∓]

**17...Sf2!** [17...Df6 18.f3 f4 (18...Sg3 19. hg3 f4 20.Sg4∞) 19.fe4 fe3 20.Tf1 mit Gegenspiel; 17...Dg5!? 18.Sf3 Dh6 19. Sf1 La6∓] **18.Shf5** [18.Kf2 f4 -+; 18.Sef5 Dg5∓; 18.Tf1 Dg5 19.Dc1 f4∓] **Sg4! 19. Tf1 Lf5** [19...Dg5?! 20.h4 Se3?? 21.hg5 +-; 19...g6 20.Sg4] **20.Sf5 g6 21.h3** [21. Sh4 Tf1 22.Lf1 Dg5∓] **Tf5!** [21...gf5 22. hg4 fg4 23.Tf8 Df8 24.Tf1 Dg7 25.Le4∓] **22.hg4 Tf1** [22...Tg5?! 23.Lh3 h5 24.Tf2 hg4 25.Lg2 △ Taf1∞] **23.Tf1 Dd7!** [23. ...Dg5 24.Lh3 Tf8 25.Tf8 Kf8∓; 24.Dc4! △ Db5∞] **24.e4** [24.Lh3 Tf8 25.Tf8 Kf8 26.b3 (26.Kf2 Da4! -+) Kg7∓] **Dg4 25. Df2 Dd7 26.Df6 Te8 27.Lh3** [27.b3 De7 △ 28...Df6 29.Tf6 Td8 -+] **De7 28.Le6 Se6 29.de6 De6 30.De6 Te6 -+ 31.Tc1 Kf7! 32.Tc7 Te7 33.Tc6 Ke6 34.Tb6 Tc7 35.Kf2 g5** [35...h5!? △ g5-g4 -+] **36. g4!? Tf7 37.Ke3 Tf4 38.Tb7 Tg4 39.Th7 Tg2 40.Ta7** [40.Tb7 g4 41.a4 Kf6 -+] **Tb2 41.Ta5 g4 42.Ta7** [42.a4 Tb3 43. Kf2 Tb4 44.Ke3 Kf6 -+] **Kf6 43.Ta6 Kg5! 44.a4** [44.Td6 Td2 45.Te6 Ta3 46.Kf2 Kf4 47.Tf6 Ke4 -+] **g3 45.Kf3 g2 46.Ta8 g1S! 47.Ke3 Tb3 0:1** (Gelfand)

---

**48**
Königsindisch (E 99)
**Gelfand - Kasparow**
Linares 1990

**1.d4 Sf6 2.c4 g6 3.Sc3 Lg7 4.e4 d6 5. Le2 0-0 6.Sf3 e5 7.0-0 Sc6 8.d5 Se7 9. Se1 Sd7 10.Sd3 f5 11.Ld2 Sf6 12.f3 Kh8 13.Tc1** [13.b4 Seg8 14.c5 Lh6 15. Tc1 Ld2 16.Dd2 f4 17.Sf2 g5∞ Malanjuk - Gelfand, Odessa 1989] **c5 14.g4 a6!** [14...Seg8 (14...h6 15.h4 fg 16.fg g5 17.h5) 15.Kg2! Se8 16.g5 f4 17.h4 Tf7 18.Th1 Lf8 19.Dg1 Sg7 20.Ld1 Sh5 21. Se2 h6?! (21...Lg7) 22.Kf1 Le7 23.La4 hg 24.hg Lg5 25.Le8!± Ftacnik - Nunn, Wien 1986] **15.Sf2!** [15.a4 a5] **h6! 16.h4 fg 17.fg Seg8! 18.Kg2 Sh7 19.Th1 Lf6**

---

**20.g5** [20.Kg3?! Lh4! 21.Th4 Tf2] **hg 21. h5 De8 22.b4!?** [22.Lg4!?] **cb 23.Sa4 Ld8 24.Lb4 Ld7 25.hg Dg6 26.c5 g4!**

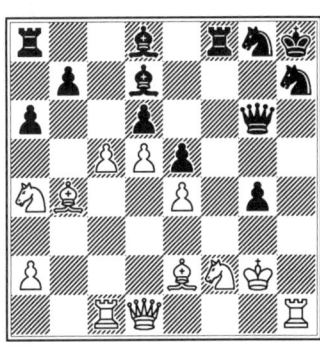

**27.c6 g3 28.Sd3 bc 29.dc Tc8!! 30.Lf3** [30.cd? Tc1 31.Sc1 Tf2; 31.Dc1 De4 -+] **Tf3! 31.Df3 Lg4 32 Dg3 De4 33.Kg1 Sf6 34.Ld6 Dd4 35.Sf2 Dd6 36.Sg4 Dd4 37.Sf2 Da4 38.De5 Tc7** [38...Tc6 39.Th7! Kh7 40.Dh2=] **39.Th2 Tg7 40. Tg2 Lc7 41.Df5 Da2 42.Dc8 Dg8 43. Dg8 Kg8 44.Tg7 Kg7 45.Sd3 remis** (Gelfand)

---

**49**
Damengambit (D 16)
**Gelfand - Nikolic**
Manila 1990

**1.d4 d5 2.Sf3 Sf6 3.c4 c6 4.Sc3 dc 5.a4 Lg4 6.Se5** [6.e3 e5!? 7.de Dd1 8.Sd1 Se4 9.Sd2?! (9.Lc4 Lb4 10.Ld2 Sd2 11. Sd2 Sd7 =) 9...Ld1 10.Se4 Lb3 11.f4 Sa6 = Leltschuk - Ianowski, Marseille 1990] **6....Lh5 7.h3 Sa6 8.g4 Lg6 9.Lg2 Sb4 10.0-0 Lc2 11.Dd2 Lb3 12.a5!?** [12.Se4 Sc2 13.Sc5 Dd4 14.Sb7 Sd5 (14...Dd2 15.Lc6! Dd7 16.Sd7 Sd7 17. Td1± Henkin - Sapis, Leningrad 1989) 15.Sc6 Dd2 =; 12.Df4 h6 13.Le3 e6 14. Se4 Sbd5 15.Df3 Ld6∞ Lewitt - G. Flear, England 1989] **a6 13.Sa4 e6?!** [13....Sc2 14.Sb6!? (14.Sc5 Dd4 15.Sb7 Sd5 16.

Sc6 Dd2 17.Ld2 e6 =) 14...Sa1 15.Sc6
Dd6] **14.g5**

**14...Sd7** [14...Sfd5 15.e4 Sc7 16.Sb6
Tb8 17.Sbc4±] **15.Sd7± Dd7 16.Sb6
Dd8 17.Sa8 Da8 18.Le4 Dd8 19.f4 Le7
20.e3 0-0 21.De2 c5 22.dc Lc5 23.Ld2
Sd5 24.Kh1 Dd7 25.Tac1 Da4** [25.
...Td8!? 26.Tf2 Sf4!] **26.Df3 c3?! 27.bc
Da5 28.f5! Lc4 29.fe +- Se7** [29...Lf1
30.ef Kh8 31.Df5±] **30.Lh7 Kh7 31.De4
Sg6 32.Dc4 fe 33.Dg4 Tf1 34.Tf1 Db5
35.c4 Dc6 36.Kg1 Kg8 37.Df3 Dd7 38.
Tf2 a5 39.De4 Se7 40.La5 Sf5 41.Ld2
1:0** (Ianowski)


**50**
Damenindisch (E 12)
**Ehlwest - Gelfand**
Manila 1990

**1.d4 Sf6 2.c4 e6 3.Sf3 b6 4.a3 Lb7 5.
Sc3 d5 6.cd5 Sd5 7.Dc2 Sc3 8.Dc3 a5**
[8...h6; 8...Sd7] **9.Lf4 Ld6 10.Lg3 0-0
11.e3 Sa6** [11...Sd7 12.Lb5 Lg3 13.hg3
c5 14.Td1±] **12.Td1 De7 13.Lc4** [13.
Ld3 Sb4 14.Lb1 Sd5 15.Dc2 f5∞] **c5 14.
d5** [14.Lh4 Dc7 (14...f6 15.Db3±) 15.d5
b5! (15...e5 16.Sg5 h6 17.Se4 f5? 18.
Sd6 Dd6 19.Le7 +-; 17...Tae8 18.g4!)
16.La2 e5∞] **ed5 15.Ld5 Lg3** [15...Ld5
16.Td5 Tad7 17.Dd3! +-] **16.hg3 Tad8**
[16...Ld5!? 17.Td5 De4 18.De5 Dc4 19.

Th4!±] **17.Th5!** [17.Db3 Ld5 18.Td5 Td5
19.Dd5 Sc7 =] **17...Ld5** [17...g6 18.
De5!? Dd7 19.Sg5 Dd5 (19...gh5 20.Se4
Dc7 21.Sf6 Kh8 22.Df5 +-) 20.Td5 Td5
21.Df6 gf5 22.Dh6 Tg5 23.Dg5 Kh8
24.Df6 Kg8 25.Db6±] **18.Thd5 Sc7**

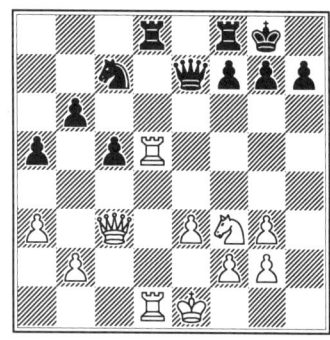

**19.T5d3** [19.Td8 Td8 20.De5 Td1 21.
Kd1 Dd7 =; 19.T5d2!?] **19...Se6 20.
Db3!?** [20.Se5!? Db7 (20...Sd4? 21.
Sc4!) 21.Kf1±] **Tc8!?** [20...Db7?! 21.
Db5! Sc7 22.Td7! Td7 23.Dd7 +-; 20.
...Td3 21.Td3 Td8 22.Td8 Dd8 23.Se5
Dd6 24.Sc4±] **21.Db6 Tb8?!** [21...c4!?
22.Tc3 Sc5 23.Da5 Ta8! 24.Db5 Sd3
25.Tdd3 (25.Kf1 Tab8) 25...cd3 26.
Dd3±; 22.Td5!? c3 (22...Df6 23.Te5!?
Tb8 24.Da5 Tb2 25.Dc3±) 23.bc3 Da3
24.Da5 Da5 25.Ta5±] **22.Da5 Tb2 23.
Dc3 Db7 24.Sd2! h6** [24...Tb8 25.Sc4
Ta2 26.Kf1±] **25.Sc4 Ta2 26.Kf1 Sg5**
[26...Tb8 27.Td2] **27.Sd6!? Db2 28.
Db2 Tb2 29.T1d2** [20.f4!? Se6 21.T1d2]
**29...Tb1 30.Ke2 Tg1** [30...Tc1 31.Td1
Tc2 32.T3d2 Tc3 33.Ta1 +-] **31.Ta2 Tg2
32.a4 Sh3 33.Kf3 Th2**

38

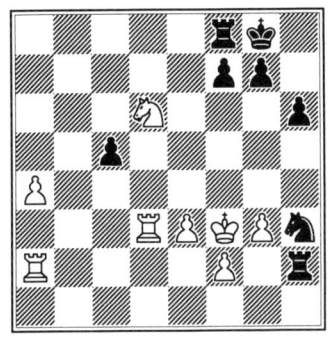

34.e4 Sg5 35.Ke3 Th1 36.a5 Tb1 37.a6

Ta8 38.Tda3 Se6 39.a7 Sd4 40.Ta6
Tb3 41.Kf4 f6 42.e5! Sb5 [42...f5 43.e6
Se6 44.Ke5 Sc7 45.Tc6 Sb5 46.Tc8 +-;
42...Tb4 43.ef6 gf6 44.Ke3] 43.Sb5
[43.e6!?] Tb5 44.Ke4! [44.ef6 c4!]
44...c4 45.Kd4 Te5 46.Tb6 Tee8 47.
Kc4 Kh7 48.Kb5 Te7 49.Tba6 h5 50.
Kb6 Kh6 [50...g5 51.Tc2 Kg6 52.Tc7
Tc7 53.Kc7 h4 54.gh4 gh4 55.Kb7 Ta7
56.Ta7 Kg5 57.Kc6 +-] 51.Tc2 Tee8
52.Kb7 Kg5 53.Tc4 Tg8 54.Tac6 f5 55.
Tc8 Tgc8 56.Tc8 Ta7 57.Ka7 Kg4 58.
Tc4 Kh3 59.Th4 1:0 (Gelfand, Kapen-
gut)

# Short

**51**
Spanische Partie (C 82)
**Short - P. Popovic**
Belgrad 1987

**1.e4 e5 2.Sf3 Sc6 3.Lb5 a6 4.La4 Sf6
5.0-0 Se4 6.d4 b5 7.Lb3 d5 8.de5 Le6
9.c3 Lc5 10.Sbd2 0-0 11.Lc2 Sf2 12.
Tf2 f6 13.ef6 Lf2 14.Kf2 Df6 15.Sf1 d4?**
[△ 15...Se5] **16.Kg1 Se5** [16...dc3
17.Lg5 Df7 18.bc3±] **17.cd4 Sf3 18.gf3**
[18.Df3? Dd4 19.De3 Lc4! 20.Ld2 (20.
Sg3? Tae8! 21.Dd4 Te1 -+) Db2] **Tad8**
[18...Ld5!? (△19.Lb3 Lb3 20.Db3 Kh8 X
d4, f3) 19.f4!±]

**19.Le3± c5 20.Dd3! g6 21.Sd2 Lh3** [21.
...Lf5 22.Se4 Le4 23.De4 Tfe8 (23...Df3
24.dc5 De4 25.Le4 Tfe8 26.Lg5 +-) 24.
Df4 Df4 25.Lf4 Td4 (25...Te2 26.Ld1 +-)
26.Le4±; 21...Tf7] **22.De2 cd4 23.Lh6
+- d3!?** [23...Tfe8 24.Se4] **24.Lb3 Kh8
25.Df2 Tde8 26.Le3** [26.Lf8 Te2 27.
Le7!! Db2 (27...De7 28.Dd4) 28.Tb1 De5
29.f4 +-] **Td8 27.Se4 De5 28.Ld2 Tc8
29.Te1 Dh5 30.Dd4 1:0** (Short)

**52**
Italienische Partie (C 54)
**Short - Kortschnoi**
Belgrad 1987

**1.e4 e5 2.Sf3 Sc6 3.Lc4 Lc5 4.c3 Sf6
5.b4 Lb6 6.d3 a6 7.0-0 0-0 8.Sbd2 d5!?
9.ed5 Sd5 10.Db3!?** [10.Se4 f6 11.Db3
Se7 12.h3 La7! 13.a4 b5!∞] **Sf4** [10.
...Le6? 11.Se4 f6 (11...h6 12.Lh6) 12.
Sfg5! fg5 13.Sg5 a) 13...Lf2 14.Tf2 Tf2
15.Se6! (15.Kf2 b5!△ 16.Se6 Dh4 mit
Gegenspiel) Dh4 16.Lg5 (16.Ld5? Ta2!)
Tg2 17.Kg2 Dg4 18.Kf2 +-; b) 13...Tf2!?
14.Tf2 Lf2 15.Kh1! (15.Kf2 b5) b5 16.
Se6 bc4 17.dc4 +-] **11.d4!?** [11.Se4 Se2
12.Kh1 Sc1 13.Tac1 Lg4! 14.Sfg5 Lh5
15.Tce1 △ f4∞] **Le6** [ 11...ed4 12.Se4
Se6 13.Lb2 dc3 (13...d3 14.g3! △
Tad1±) 14.Dc3⩱] **12.de5 Se5 13.Se5
Dg5 14.g3**

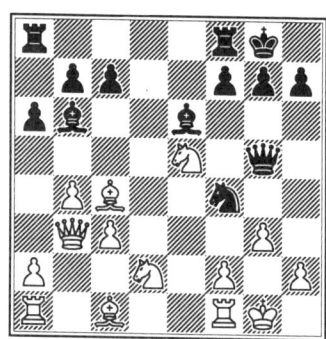

**14...Se2 15.Le2!** [15.Kg2? De5∓] **Lb3
16.Sdf3 Df6** [16...De7 17.ab3 f6 18.Lc4
Kh8 19.Sd3±] **17.ab3± Tae8 18.Lf4**
[18.Lg5 Dg5! 19.Sg5 Te5 20.Lf3 Tg5 21.
Lb7 a5±] **h6 19.Lc4 g5 20.Sg4 +- Dc3**
[20...Dg6 21.Le5] **21.Sh6 Kg7 22.Sg5
Db4** [22...Kh6 23.Se4] **23.Shf7 Ld4 24.
Tad1 Dc3 25.Td3 Db2 26.Lc1! Lf2 27.
Kg2 Da1 28.Se6 Te6 29.Lh6 1:0** (Short)

**53**
Französische Verteidigung (C 19)
**Gligoric - Short**
Belgrad 1987

1.d4 e6 2.e4 d5 3.Sc3 Lb4 4.e5 c5 5.a3
Lc3 6.bc3 Se7 7.a4 Sbc6 8.Sf3 Da5 9.
Dd2 Ld7 10.Ld3 c4 [◻ 10...f6] 11.Le2
0-0 [11...f6] 12.0-0 f6 13.La3± Tae8
[13...Tf7 14.Tfb1 △ 14...Dc7 15.Ld6 Dc8
16.ef6±] 14.Ld6! Tf7 15.g3? [X f3; 15.
ef6 gf6 (15...Sf5? 16.Lb4 +-) 16.Sh4 Sg6
17.Sg6 hg6 18.f4!, △ g4, h4±] 15...Sf5=
16.Lb4 [16.La3!? fe5 17.de5 d4 (17...h6)
18.Lc4 dc3 19.Dd3! Se5 20.Se5 De5 21.
Lb4∞] Dc7 17.Tfe1 fe5 18.de5 [18.Se5
Se5 19.de5 a5 20.La3 La4∓] Sb4 [18.
...h6 19.Ld1 g5!? Timman] 19.cb4 Tef8∓
[19...h6] 20.Sg5! Te7 21.Lg4 Le8 22.c3
[22.Sf3?? Sh6 -+; 22.Lf5?! Tf5 23.f4
(△Sf3) Lh5! 24.h3 Tf8 25.g4 Lg6 X c2,
f4] a5! 23.ba5? [X a4, c5; 23.b5 Db6 24.
Kg2 Sh6 25.Ld1 Lg6∓] Da5∓ [△d4] 24.
Db2 Lc6! [Diagonale a8-h1] 25.f4 h6 26.
Sf3

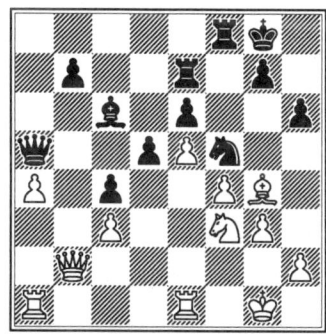

26...d4! 27.cd4 g5! 28.fg5 h5 29.Lh5!
[29.Lf5 Tf5 30.Sh4 Dd5 31.Sf5 (31.Sg2
c3 -+) Tf7! (31...Dh1 32.Kf2 Dh2 33.Ke3
Db2 34.Se7 Kg7 35.Sc6∞) 32.Sh6 Kg7
33.Sf7 c3 34.De2 (34.Da2 Dh1 35.Kf2
Dg2 36.Ke3 Df3) Dh1 35.Kf2 Dh2 36.Kf1
Dh1 37.Kf2 Dg2 38.Ke3 Dg3 -+] 29.
...Sg3! [29...Sg7 30.Da3! Dd5 31.Te3

Sh5 32.De7 Tf3 33.Tf3 Df3 (33...Dd4 34.
Kg2=) 34.De6 = Kf8?? 35.Tf1] 30.hg3
Lf3 31.Da3 [31.Lf3? Tf3 32.Dg2 Dc3 -+]
Dd5 32.Tad1? [32.Te3! Lh1! (32...Dd4
33.Te1 Th7 34.Lf3 Tf3 35.Kg2! Te3 36.
De3 Dd5∓) 33.Ta2 Th7 34.Lg6 (34.Th2?
Th5!; 34.Lg4 Thf7 -+) Th3! (34...Tg7 35.
Th2! Tg6 36.Th8=) 35.Dd6 c3! (35...Lf3
36.Th2! Tg3 37.Kf2 Tg2 38.Tg2 Lg2 39.
Kg3=) 36.Tc2 Lf3 37.Th2 Th2 38.Kh2
Da2 -+] Th7 -+ 33.g4 Ld1 34.Td1 Tf3
[35.Da2 Tg3 36.Kh2 Tg4] 0:1 (Short)

**54**
Spanische Partie (C 92)
**M. Chandler - Short**
Hastings 1987/88

1.e4 e5 2.Sf3 Sc6 3.Lb5 a6 4.La4 Sf6
5.0-0 Le7 6.Te1 b5 7.Lb3 d6 8.c3 0-0
9.h3 Sd7 10.d4 Lf6 11.a4 Lb7 12.ab5
[12.Sa3?! ed4! 13.cd4 Te8 mit Angriff; X
e4] ab5 13.Ta8 La8 14.d5 [14.Sa3! a)
14...Db8 15.Sc2 b4 16.Ld5 bc3 17.bc3
Sb6!? (17...Se7) 18.Se3 ed4 19.cd4 Sd5
20.Sd5 Ld8 21.Lf4 Se7 22.Sc3 f5 23.
Sg5 (remis, Nunn - Short, Hastings
1987/88) Sg6 24.Sh7 Kh7 25.Dh5 Kg8
26.Dg6 Db4∞; 15.d5 Sa5 16.La2 △
b4±; b) 14...b4 15.Sc4 bc3 16.bc3± 14.
...Se7 15.Sa3 Sc5! [15...Db8? 16.Sb5]
16.Lc2 [16.Sb5 c6 17.dc6 Lc6 18.c4
Le4 19.Lc2 Lc2 20.Dc2 Db8∞] c6 17.b4
Sa6 18.dc6 Lc6 19.Sh2!? [19.Dd3] g6?
[19...Sc8! 20.Sg4 Lg5± △ 21.Lg5 Dg5
22.Se3 Sc7] 20.Sg4 Lg7 21.Sh6 Kh8
22.Lb3 Le8 23.Dd3? [23.Sb5! Lb5 (23.
...Lh6 24.Lh6 Lb5 25.Lf8 Df8 26.Dd6 +-)
24.Sf7 Tf7 25.Lf7± ] 23...Sc7 = 24.Td1
Sc8

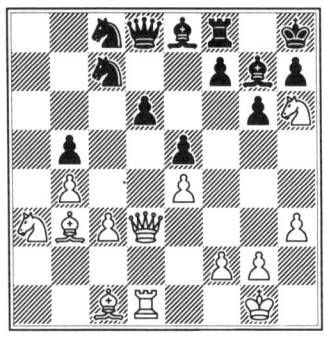

Sh7 19.h4 e5? [19...Se3 20.De3 e5±]
20.Sf5 g6! [20...Lf5? 21.ef5 Se3 22.De3
Dc2 23.Ka1 Df5 24.Ld5±] **21.Se7 Ke7**
[21...Se3! 22.Tc1! (22.De3? Dc2 23.Ka1
Ke7∓) Ke7 23.De3∞]

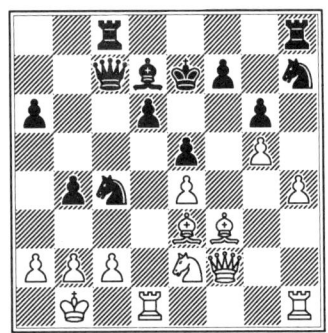

**25.Dg3?** [25.Sg4 f5 26.Se3 f4 27.Sd5
Sd5 28.Ld5 f3 mit Gegenspiel] **f5** [X
Sh6] **26.ef5 gf5 27.Lg5 Dd7 28.h4 d5
29.Df3 Sb6 30.Lc2 e4 31.De3 Dc6 -+
32.Lb3 Lh5** [32...Dc3? 33.Dc3 Lc3 34.
Le7] **33.Tc1 Sc4 34.Sc4 dc4 35.Ld1
Le8** [35...Sd5 36.Da7] **36.Le2 Sd5 37.
Dd2 De6 38.Kf1 Lc6 39.Lh5 e3 0:1**
(Short)

**55**
Sizilianisch (B 66)
**Short - J. Benjamin**
Hastings 1987/88

**1.e4 c5 2.Sf3 Sc6 3.d4 cd4 4.Sd4 Sf6
5.Sc3 d6 6.Lg5 e6 7.Dd2 a6 8.0-0-0 h6
9.Le3 Le7 10.f4 Ld7 11.Le2?!** [11.h3;
11.Kb1; 11.Ld3] **b5 12.Lf3 Tc8 13.Kb1?!**
[13.g4=] **Sa5** ∓ **14.g4** [14.b3?? b4 15.
Sce2 e5 16.Sf5 Lf5 17.ef5 e4 -+; 14.e5
de5 15.fe5 Sc4 16.De1 Se5 17.Lb7 Tb8
18.La6 b4∓] **14...Sc4** [14...b4 15.Sce2
Sc4 16.Dd3 e5 17.Sf5 Lf5 18.gf5 Se3
19.De3 Dc7 20.Td2 0-0 21.Sc1 Tfe8 22.
Tg2 Kh7 23.Sd3 a5 24.Df2 Lf8 25.Thg1
ef4 26.Sf4 Dc5 27.Dc5 dc5 = Gallagher
- J. Benjamin, Saint John 1988] **15.Df2
b4?** [ 15...Dc7 △ 16.Lc1 Sa3 17.ba3
Dc3 ∓] **16.Sce2 ∞ Dc7** [16...Se3 17.De3
g5?! 18.e5!? gf4 19.Sf4 de5 20.De5
Dc7∞] **17.g5?** [17.Lc1∞] **hg5 18.fg5**

22.Lc1± Le6 [△Sa3] **23.Sg3 Da5 24.b3
Tc5 25.Thf1!± Thc8?** [ 25...Sa3 26.
La3 ba3 27.Se2±] **26.Lg4 Sa3?** [26.
...Tf8] **27.La3 Tc2 28.Td2 Td2 29.Dd2
Lg4** [29...Da3 30.Le6 fe6 31.Df2 +-] **30.
Lb4 Db6 31.Ld6!+- Dd6 32.Tf7 Ke6 33.
Dd6 Kd6 34.Th7 Tc3 35.Sf1 Le2 36.
Kb2!** [36.Sd2?? Ld3] **Th3** [36...Td3 37.
Tf7] **37.Sd2 Kc5 38.Td7** [38...Th4 39.
Td5 Kc6 40.Te5 +-] **1:0** (Short)

**56**
Französische Verteidigung (C 18)
**N. Short - Timman**
Amsterdam 1988

**1.e4 e6 2.d4 d5 3.Sc3 Lb4 4.e5 c5 5.a3
Lc3 6.bc3 Se7 7.Dg4 cd4 8.Dg7 Tg8
9.Dh7 Da5?!** [9...Dc7] **10.Tb1 Sbc6** [
10....Dc3 11.Ld2 Da3!?; 11.Kd1 ±] **11.
Sf3 Ld7 12.Tb7± Dc3 13.Kd1** [13.Ld2?
Da1] **Sa5 14.Tb4!** Tc8 [14...Sc4? 15.Lc4
dc4 16.Lb2 +-] **15.Sg5 Tf8 16.Ld3 Dc7**
[16...Sac6 17.Lb2 Dc5 18.Tb5 +-] **17.
Te1 +- Sc4** [17...Sac6 18.Tb1 Se5 19.
Lf4 f6 (19...S7c6 20.Dg7 f6 21.Lg6) 20.
Dh5 Kd8 21.Te5 fe5 22.Le5 △ Sf7] **18.**

42

**Dg7** [△ Sh7] **Sf5 19.Df6 a5** [19...Se7 20.Sh7 Tg8 21.Dh4 +-]

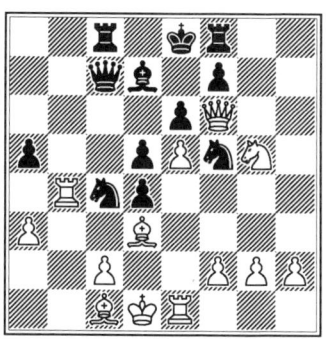

**20.Tc4 dc4 21.Lf5 Dd8** [21...ef5 22.e6 fe6 23.Se6 Le6 24.Dg6 Kd8 25.Lg5 Kd7 26.De6 matt] **22.Dg7 De7** [22...ef5 23.e6] **23.Se4 ef5 24.Sd6 Kd8 25.Lg5 f6 26.Sb7** [26...Ke8 27.ef6] **1:0** (Short)

## 57
Sizilianisch (B 66)
**Short - Ljubojevic**
Amsterdam 1988

**1.e4 c5 2.Sf3 d6 3.d4 cd4 4.Sd4 Sf6 5. Sc3 Sc6 6.Lg5 e6 7.Dd2 a6 8.0-0-0 h6 9.Le3 Ld7 10.f4 b5 11.Ld3 Le7 12.Kb1 b4?!** [X c4; 12...Sg4?! 13.Lg1 Sd4 14. Ld4 e5 15.Lg1$\stackrel{=}{=}$; 12...Sd4] **13.Sce2 0-0 14.h3$\stackrel{=}{\pm}$ Dc7** [14...Sd4!? 15.Ld4 Lc6] **15. g4 Db7 16.Sg3 Sd4 17.Ld4 Lc6 18. The1 Tfe8?** [18...Sd7! 19.g5! hg5 20. Tg1$\pm$ △ 20...e5 21.Sf5 Tfe8 22.fe5 Se5 23.Le5 de5 24.Tg5 Lg5 25.Dg5 f6 (25. ...g6 26.Dh6+-) 26.Lc4 Kf8 27.Dh5+-] **19.g5 hg5 20.fg5 Sd7** [20...Sh7 21.h4$\pm$] **21.Lg7!$\pm$ Kg7 22.Sh5 Kg6** [22...Kg8 23.g6 fg 24.Dh6 Lf8 25.Dg6 Kh8 26.Tg1 +-; 22...Kf8 23.g6 Lf6 24.Sf6 Sf6 25.Tf1 Ke7 26.Dg5 +-; 22...Kh8 23.g6 Lf8 24. Tg1 fg6 25.Tg6 Se5 26.Th6 Lh6 27.Dh6 Dh7 28.Df6 Kg8 29.Tg1 +-] **23.e5 Kh5 24.Df4 Lg5**

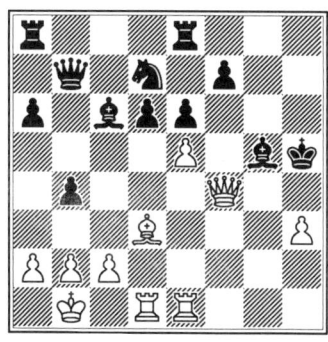

**25.Df7 Kh4 26.Dh7 Kg3 27.Dh5 Kh2** [27...Tg8 28.Dg4 Kh2 29.Dg1 Kh3 30. Lf1 Kh4 (30...Lg2 31.Td3) 31.Dh2 Kg4 32.Td4 Kf5 33.Dh7 Tg6 34.Lh3] **28.Dg5** [28.De2 Kh3 (28...Lg2 29.Th1 Kg3 30. Dg4 Kf2 31.Thf1 Lf1 32.Tf1 Ke3 33.Te1 Kf2 34.Te2 Kf1 35.Tg2 Ke1 36.De2) 29. Dh5 Lh4 30.Te3 +-] **Tg8 29.Td2 Lg2 30. Df4 Tg3 31.Le4 De4 32.De4 1:0** (Short)

## 58
Sizilianisch (B 33)
**Short - G. Sax**
Saint John 1988

**1.e4 c5 2.Sf3 Sc6 3.d4 cd4 ̍4.Sd4 Sf6 5.Sc3 e5 6.Sdb5 d6 7.Lg5 a6 8.Sa3 b5 9.Lf6 gf6 10.Sd5 f5 11.Ld3 Le6 12.Dh5 Lg7 13.0-0 f4 14.c4 bc4 15.Lc4 0-0 16. Tac1 Se7 17.Tfd1 Tc8 18.Se7 De7 19. Tc3!** [△ b3, Tcd3 X d6] **Kh8** [19...Tc6?? 20.Le6 Tc3 21.Lf5 +-] **20.b3 f5** [20...d5 21.ed5 Ld5 22.Td5 Da3 23.Ld3 +-; 20. ...Ld7!? (△d5) 21.Tcd3 d5 22.Td5 Lc6 23.Td6 Le4 mit Gegenspiel; 21.Sb1! △ 21...f5 22.La6$\pm$] **21.Th3 h6 22.Le6 De6 23.Thd3$\pm$ Tcd8** [23...fe4 24.Td6 De7 25.Sc4 Tcd8 26.Dg6$\pm$] **24.De2!** [24.Sc4 fe4 25.Td6 Td6 26.Td6 De7 27.Ta6 e3! 28.fe3 fe3 29.Th6 (29.Se3 Dc5 30.De2 e4 △ Ld4) Lh6 30.Dh6 Kg8 31.De3 Df6 32.h3 Df1 33.Kh2 Df4 =] **fe4** [24...Dg6 25.f3$\pm$] **25.De4**

25...f3!? 26.Sc4! [26.Tf3! d5 27.Dh4 (27.Tf8? Lf8 X a3)] Tf4 [26...fg2 27.Td6 Td6 28.Td6 Df7 29.Td2 △ Se3±] 27.Dd5 Dg4 28.Tf3 Tf3 29.Df3 Df3 30.gf3 d5 31.Kf1 Lf6 32.Sb6 d4 33.Ke2 [ 33. Tc1! (△ Tc8) Kg7 34.Tc7 Kg6 35.Td7!±] Lg5 34.Sc4 Lf4 35.h3 Tg8 [35. ...Kg7 36.Kd3 Kf6 37.Tg1] 36.b4! +- Tg2 37. a4 Kg7 38.b5 ab5 39.ab5 Kf6 40.b6 Ke6 41.b7 Tg8 42.Tb1 Tb8 43.Tb5 Kd7 44. Sa5 Kc7 [44...Lg5 45.Te5 Ld8 46.Td5 Ke6 47.Td8] 45.Kd3 Kd6 46.h4 Kc7 47. Tb2 Lh2 48.Ke4 [48.Tc2?! Kb6 49.Tc8 Ka5 50.Tb8 e4] Lf4 49.Tc2 Kd7 50.Kd3! Lh2 51.Tc1 Lf4 52.Tg1 Kd6 [52. ...Kc7 53.Tg6] 53.Kc4 1:0 (Short)


**59**
Spanische Partie (C 96)
**Short - L. Portisch**
Tilburg 1988

1.e4 e5 2.Sf3 Sc6 3.Lb5 a6 4.La4 Sf6 5.0-0 Le7 6.Te1 b5 7.Lb3 d6 8.c3 0-0 9. h3 Sa5 10.Lc2 c5 11.d4 Sd7 12.dc5 dc5 13.Sbd2 Lb7!? 14.De2 [14.Sf1 Sc4=] Dc7 15.Sf1 Sc4 16.b3 Sd6 17. c4!± [X d5] Tfe8 18.Lb2 Lf8 [18...f6!? 19.S3d2 Sf8 20.Se3 Se6 21.Sd5 Dd8±] **19.Tad1 Lc6 20.Se3?!** [ 20.S3d2] Db7?! [20...Le4?? 21.Le4 Se4 22.Sd5; 20...Se4! 21.Sd5 Ld5 22.Td5 (22.cd5

Sef6 23.Se5 Se5 24.Le5 Ld6 ∓) Sef6 23.Le5 = △ 23...Sd5? 24.Dd3] **21.La1 Se4** [21...f6 22.Sd5; 21...Le4 22.Sg5! Lc2 (22...Lg6 23.Lg6 hg6 24.Dg4 Sf6 25.Dh4 mit Angriff) 23.Dc2 e4 (23...g6 24.Sg4 f6 25.Se4 Se4 26.De4 De4 27. Te4 f5 28.Td7±) 24.Lg7 Kg7 25.Td6±] **22.Sg4! Sef6 23.Sfe5 Se5** [23. ...Lg2? 24.Td7 Sd7 25.Dd3 g6 26.Dd7 Dd7 27. Sf6 Kg7 28.Sfd7±] **24.Le5 Sg4 25.Dg4 g6?!** [25...Te6! (L. Portisch) 26.Lc3 (26.Lf5 Te7 27.Dh4 h6 △ Tae8∞) Te1 27.Te1 b4 28.Lb2 Dd7 29.Dh5 h6∞]

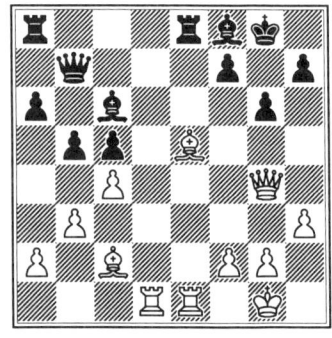

**26.h4 Lg7?** [26...h5!±] **27.Lg7 Kg7 28. h5± Te1 29.Te1 Te8 30.Te8 Le8 31. Dg5 Dc6 32.De5 f6 33.De7 Kh6** [33. ...Lf7 34.h6 Kg8 35.Le4 Db6 36.Ld5] **34.Le4 Dd7 35.Dc5 +- f5** [35...Dd1 36. Kh2 Dh5 37.Dh5 Kh5 38.c5] **36.Lf3 bc4 37.De3 Kg7** [37...g5 38.Db6 Kg7 39.h6 Kf7 40.bc4] **38.bc4 Kf6 39.c5 g5 40.c6 De6 41.c7 1:0** (Short)


**60**
Russische Verteidigung (C 42)
**Short - R. Hübner**
Tilburg 1988

1.e4 e5 2.Sf3 Sf6 3.Se5 d6 4.Sf3 Se4 5. d4 d5 6.Ld3 Ld6 7.0-0 0-0 8.c4 c6 9. Sc3 Sc3 10.bc3 dc4 11.Lc4 Lg4 12. Dd3 Sd7 13.Sg5 Sf6 [13...g6 14.h3 Lf5

15.Df3±] **14.h3 Lh5** [14...Ld7 15.Te1±]
**15.f4 h6 16.g4 hg5** [16...b5 17.Lb3 c5!?
18.Ld5!? Lg6 19.Dg6 hg5 20.Dg5±] **17.**
**fg5 Sg4** [17...b5] **18.hg4 Dd7** [18...Lg4
19.De4 Dd7 20.g6 Le6 21.Le6 fe6 22.
Lg5 De8 23.Tf8 Lf8 24.Kg2 +-] **19.gh5**
**+- Dg4** [19...b5!?] **20.Kf2 Tae8 21.Tg1!**
[21.Th1 b5] **Dh4 22.Kg2**

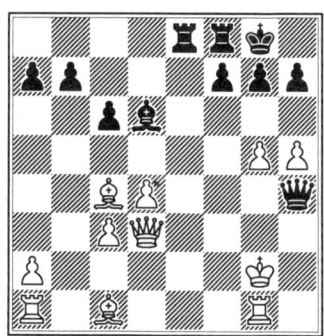

**22...b5 23.Lb3 c5** [23...Te4 24.Df3!
Lh2!? (24...Tfe8? 25.Lf7) 25.Ld2! Tg4
(25...Lg1 26.Tg1 +-) 26.Dg4 Dg4 27.Kh2
Dh4 (27...Dh5 28.Kg3) 28.Kg2 De4
(28...Te8 29.Ld1 △ Lf3) 29.Kf2 Df5
(29...Te8 30.Tg2! △ Kg1) 30.Ke2 Te8
31.Kd1 +-] **24.Th1** [24...Dg4 25.Kf1
(25.Kf2?? Lg3) c4 26.Ld1 Te1! 27.Ke1
Dg2 28.De2 Dh1 29.Kd2 +-] **1:0** (Short)


**61**
Spanische Partie (C 89)
**Short - J. Pinter**
Amsterdam 1988

**1.e4 e5 2.Sf3 Sc6 3.Lb5 a6 4.La4 Sf6**
**5.0-0 Le7 6.Te1 b5 7.Lb3 0-0 8.c3 d5**
**9.ed5 Sd5 10.Se5 Se5 11.Te5 c6 12.d4**
**Ld6 13.Te1 Dh4 14.g3 Dh3 15.Le3 Lg4**
**16.Dd3 Tae8 17.Sd2 Te6 18.a4 ba4 19.**
**Ta4 f5 20.Df1 Dh5 21.f4 Tb8 22.Ld5**
**cd5 23.Ta6 Tbe8 24.Db5!** Df7 [24...Te3
25.Te3 Te3 26.Td6 +- Te1 27.Sf1 h6 28.
Dd5 Kh7 29.Td8 Dh3 (29...Lh3 30.Dg8

Kg6 31.Td6) 30.Dg8 Kg6 31.Td6 Kh5
32.Df7]

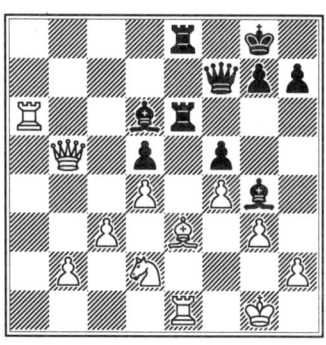

**25.h3!±** [W. Watson; 25.Dd5? Te3 26.
Df7 Kf7 27.Te3 Te3 28.Td6 Te1 29.Sf1
Lh3∓] **Lh5?!** [25...Lh3 26.Sf3 h6 (26.
...Te3 27.Te3 Te3 28.Td6 h6 29.Kf2 △
Dd5 +-) 27.Se5 Le5 28.Te6 Te6 29.
de5±] **26.Dd5 Lf4!?** [26...Te3 27.Df7
Kf7 28.Te3 Te3 29.Td6 △ 29...Te1 30.
Sf1 Le2 31.Kf2 +-] **27.Te6 Te6 28.Sf1**
**Lg3** [28...h6 29.Lf2 +-] **29.Sg3 f4 30.**
**Dh5 Tg6 31.Kh2 1:0** (Short)


**62**
Französische Verteidigung (C 18)
**Short - A. Kosten**
Hastings 1988/89

**1.e4 e6 2.d4 d5 3.Sc3 Lb4 4.e5 c5 5.a3**
**Lc3 6.bc3 Se7 7.Dg4 Dc7 8.Dg7 Tg8 9.**
**Dh7 cd4 10.Se2 Sbc6 11.f4 Ld7 12.**
**Dd3 dc3 13.Dc3 Tc8** [△ 13...Sf5 △
0-0-0] **14.Tb1 Sf5 15.Ld2 a6 16.Tg1!?**
[16.g3] **b5** [16...Dd8 17.Dh3 Scd4 18.
Sd4 Sd4 19.Ld3 △ 19...Sc2? 20.Lc2
Tc2 21.Dh7! (X c2) Tg6 22.Dh8 Ke7 23.
Lb4 +-] **17.g4 Sh4** [17...Db6!? 18.gf5
Tg1 19.Le3! (19.Sg1 Dg1 20.fe6 Le6⩱)
Tf1 20.Kf1 d4 21.Ld4 Sd4 22.Dd4 Db7
(22...Dd4 23.Sd4±) 23.Kf2!± △23...Tc2
24.Tg1 +-; 17...d4 18.Dd3 Se3 19.Le3
de3 20.De3 Se7 21.Tb2±] **18.Tg3 +- Db6**


45

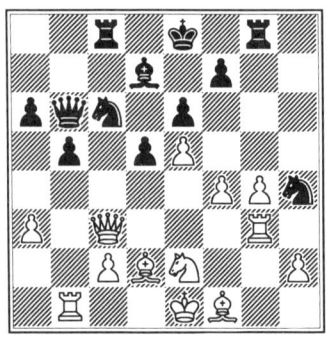

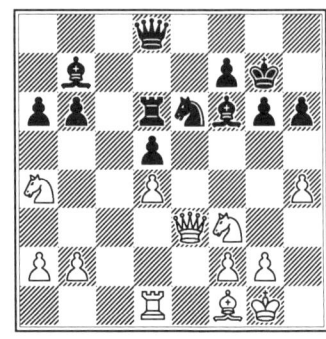

19.Dd3 [△Dh7] Th8 20.Th3 Se7 21.Sd4
Tc4 22.c3 Ta4 23.Dg3 Shg6 24.Th8
Sh8 25.Ld3 Shg6 [25...Ta3 26.f5 X Sh8]
26.h4 [26.Sc2] Ta3 27.h5 Sf8 28.h6
Seg6 29.f5 Se7 30.Dh2 ef5 31.h7 Seg6
32.gf5 Sh8 33.Dh5?! [33.Dg3 △ Dg7 +-]
Dc7! 34.Kf1 [34.e6!? Dg3 35.Ke2] Tc3
35.e6 Td3 36.ef7 Kd8 [36...Sf7 37.h8D]
37.Dg5 Kc8 38.Tc1! Td4 39.Tc7 Kc7
40.La5 Kb7 41.Dd8 Tf4 42.Kg1 Tg4
43.Kh2 [43...Sf7 44.Dc7 Ka8 45.Lb6]
1:0 (Short)

63
Damengambit (D 58)
A. Karpow - Short
Rotterdam 1989

1.d4 e6 2.c4 Sf6 3.Sf3 d5 4.Sc3 Le7
5.Lg5 h6 6.Lh4 0-0 7.e3 b6 8.Ld3 Lb7
9.Lf6 Lf6 10.cd5 ed5 11.Tc1 c5
[11...c6] 12.0-0 Sd7 13.Lb1 g6 14.Da4
Te8 15.Tfd1 cd4! 16.ed4 [16.Sd4 Sc5
17.Dc2 De7 =] Sf8 17.Ld3± a6 [17...Se6
18.Lb5 Te7 19.Lc6 Lc6! 20.Dc6 Tc8
21.Dd5 Td7 =; 18.La6±] 18.Db3 Tc8
19.Sa4 Te6 20.Lf1! [△ g3, Lh3] Td6
21.De3! Tc1 22.Tc1 Se6 23.Td1 Kg7
24.h4

24...b5?! 25.Sc3 [25.Sc5 Sc5 26.dc5
Te6 △ Te4 =] b4?! 26.Se2 Lc8 27.g3
[27.h5 Sg5!?] De7 28.Sc1!± a5 29.Sd3
h5 30.Sde5 Sd8 31.Sg5 Lf5 32.Lg2 Lg5
[32...Kg8 33.Tc1 △ Tc5] 33.hg5 Se6 34.
f4 Dc7 35.Tc1 Db6 36.Td1 Td8?! [36.
...Dc7 37.Lf3 (37.Kf2?! Dc2 38.Dd2 Sd4!)
Dc2 38.Df2±] 37.Kf2 a4 38.Lf3 b3?! 39.
ab3 ab3 40.Td2 Db5 41.Ld1 Tc8 [41.
...Tb8 42.Sd7!+−] 42.Db3 Da5 43.De3
Tc1 44.Sd7 Le4 45.Sf6 Da1 46.Db3
Da5! 47.De3 [47.Ke3? Sd4] Da1 48.Se4!
de4 49.d5 [49.Ke1! +- Db1 (49...Da8 50.
d5 Sc5 51.d6 +- △ 51...Sd3 52.Td3) 50.
d5 Sc5 51.d6 Sd3 52.Ke2 +-] 49...Sc5
[49...Td1 50.Td1 Dd1 51.de6 Dc2 52.
De2 +-] 50.Dd4?! [50.d6! Kh7 (50...Sd3
51.Ke2 Da6 52.Dd4 Kh7 53.d7 +-) 51.
De2 Sd3 52.Kg2 Da8 53.Kh2] Kh7 51.
Ke3? [51.d6! Se6 (51...Sd3 52.Ke2 +-)
52.Da4 +-] Da6!

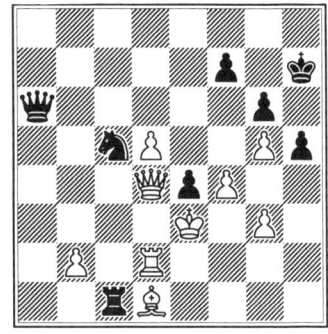

52.Df6 Da7 53.Dd4 Da6 54.Tf2 [54.Le2
Da5] Sd3 55.Le2 Te1 56.De4 Db6 57.
Kd3 Df2 58.Kd2? [58.d6!? Db6 59.d7
Dd6 60.Dd4 Dd4 (60...Da6 61.Kc3 Te2
62.d8D +-) 61.Kd4 Te2 62.Kd3 +-] Ta1
59.Kc2?! De1 60.Kb3?? Dg3 -+ 61.Kc2
Dg1 62.De5 Tc1 [62...Dc5! 63.Kd3 Ta5!
64.Ke4 (64.Lf3 Tb5 -+) Ta4 -+] 63.Kd3
h4 64.d6 Tc5! 65.Dd4 Db1 66.Ke3 Dc1
67.Kf3 Td5? [67...Dh1 68.Kf2 Td5 -+]
68.Df2! Dh1 69.Kg4 Td2 70.Lf3! Dc1
71.Dh4 Kg8 72.b3 Dc8 73.Kg3 Dc5 74.
Dh1 Dd6 75.De1 Td4 76.Dc1 Td3 77.
Dc8 Kg7 78.Dc4 Td4 -+ 79.Dc1 f6? 80.
gf6 Kf6 81.Dc6 = Dc6 82.Lc6 Kf5 83.
Lb5! Td1 84.Kf3 remis (A. Karpow)

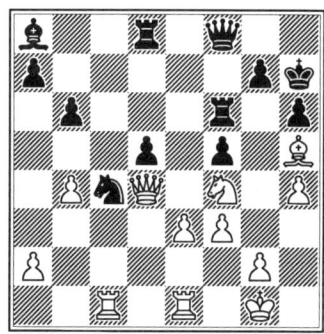

64
Damengambit (D 58)
**Jussupow - Short**
Rotterdam 1989

1.d4 Sf6 2.c4 e6 3.Sf3 d5 4.Sc3 Le7
5.Lg5 h6 6.Lh4 0-0 7.e3 b6 8.Tc1 Lb7
9.Lf6 Lf6 10.cd5 ed5 11.Ld3 c5 12.0-0
Te8 13.Te1 [13.Lb1 Sa6 =; 13.Lb5!?
Te6 14.dc5 bc5 15.Sa4 c4 16.Sd4 (16.
Sc5 Tb6 X b2) Ld4 (16...a6 17.Se6 fe6
18.Sc5? ab5 19.Sb7 De7 -+; 18.Lc4 dc4
19.Dd8 Ld8 20.Tfd1±) 17.Dd4 Lc6 18.
Sc3 (18.Lc4 La4 19.Dd5 Sd7∓; 19.Ld5
Sc6 =) Lb5 19.Sb5 Sc6 =] 13...Sd7 [13.
...Te7 14.dc5 bc5 15.Sa4 Sa6 16.Sc5
Sc5 17.Tc5 Lb2±] 14.Lb5 Te7 [14...a6?!
15.Ld7 Dd7 16.dc5 bc5 17.Sa4] 15.dc5
Sc5 16.Sd4 Tc8 17.Le2 Df8? [17...Se4
18.Se4 de4 =; ⌂ 17...Ld4 18.Dd4 Se6
19.Da4 d4 20.Tcd1 Td7 △ Lc6] 18.
Scb5! La8 19.Lg4 Td8 20.b4 Se4 21.f3
[21.Sf5 Te5 22.f3 h5!] Ld4 22.Dd4± [22.
Sd4 Sd6 △ Sc4 mit Gegenspiel] f5! 23.
Lh5 [23.fe4? Te4; 23.Lh3? Sg5] Sd6 24.
Sc3 Te6 [24...Tc7 25.Se2±] 25.Se2 Tf6
26.Sf4 [26.f4±] Kh7 27.h4 [27.g4!±]
Sc4

28.g4 g6 29.g5 Tfd6 30.Kf2?? [30.Lg6
Tg6 31.Sg6 Kg6 32.gh6 Kh6 33.Kf2 Lc6
34.Tg1 (34.Df4!? Kh7 35.Tg1±) f4!? 35.
ef4 Dh8 36.Dd3 Db2 37.Tc2 Df6 38.
Tg5±] 30...gh [△Dg7] 31.Sh5 Df7 32.
Sf6 Tf6 33.gf6 Tf8∓ 34.Tg1 Df6 35.
h5?! Lc6 36.Tg6 Dd4 37.ed4 Le8 38.
Te6 Lh5 -+ 39.Tce1 Tf7 40.Tc6 Lg6 41.
Te8 f4 42.Td8 Se3 43.Tcc8 [△44.Th8
Kg7 45.Thg8 Kh7 46.Th8 =] Lf5 44.Th8
Kg6 45.Thg8 [45.Tc6 Kg7 46.Thh6 Sc2]
Kf6 [45...Kh5?? 46.Tc1 Lh3 47.Th1 Kh4
48.Tgg1 +- △ Th3] 46.Tc6 Le6 47.Te8
Te7 48.Tf8 Kg5 49.Tc1 Lf7 50.Tfc8 Sc4
51.Tc6 h5 52.Tg1 Kf5 53.Tg7 Sb2 54.
Th6 Sd3 55.Kg2 Te2 56.Kf1 Te1 57.
Kg2 Le8 58.b5 Te2 59.Kh3 Se1 60.Th8
Kf6 61.Ta7 Lg6 0:1 (Short)


65
Caro-Kann (B 12)
**Short - Y. Seirawan**
Rotterdam 1989

1.e4 c6 2.d4 d5 3.e5 Lf5 4.Sc3 h5 5.Ld3
Ld3 6.Dd3 e6 7.Sf3 Db6 [7...Sh6] 8.0-0
Da6?! [⌂ 8...Sd7, 8...Se7 Seirawan] 9.
Dd1 Se7 [9...c5!? △ Sc6] 10.Se2 Sd7
11.c3 Sf5 12.Lg5 Le7 13.Sg3! Sg3 [13.
...g6 14.Sf5 gf5 15.h4 ± X h5] 14.fg3 f6
15.ef6 gf6 16.Lf4 0-0-0 17.Te1 Sf8 18.
b4 Db6 19.a4 Ld6 20.Dd2 Dc7 21.b5

47

**Th7! 22.Ld6 Dd6** [22...Td6?! (△ 23.bc6?
Tc6) 23.Df4±] **23.bc6 Dc6 24.Df4 Sd7**

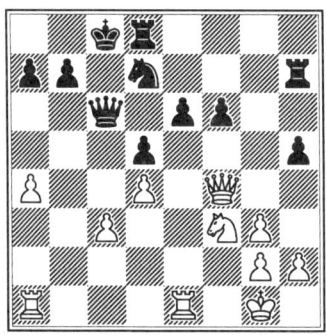

**25.Kh1 Te7 26.a5** [26.Dh6 Kb8 27.Dh5
Dc3] **e5 27.Df5** [27.de5? fe5 28.Se5
Tde8 29.Sf3 Te1 30.Se1 Dc3! 31.Dc1
(31.Tc1? Te1 -+) Dc1 32.Tc1 Kb8∓]
**Kb8 28.Dh5 Dc3 29.Df5± Tde8?!**
[29...Dc7] **30.Tec1 De3?** [30...Db4 △
Dd6] **31.Dc2 +- Ka8 32.a6 Sb6 33.ab7
Tb7** [33...Kb7 34.Dc6 △ Df6] **34.de5 fe5
35.Te1 Dh6 36.Se5 Tbe7 37.Teb1! Tb7**
[37...Te5 38.Dc7] **38.Sc6** [△Tb6] **De3
39.Sa7! Kb8 40.Sc6 Kc8 41.Se7 Kd8
42.Sd5! 1:0** (Cabrilo)


**66**
Sizilianisch (B 80)
**Short - J. Ehlwest**
Rotterdam 1989

**1.e4 c5 2.Sf3 d6 3.d4 cd4 4.Sd4 Sf6
5.Sc3 a6 6.Le3 e6 7.f3 Sc6 8.g4 Le7 9.
Dd2 0-0 10.0-0-0 Sd4 11.Ld4 Sd7 12.
h4 b5 13.g5 Tb8 14.Lh3?!** [14.Kb1] **Dc7**
[14...Se5] **15.g6?! hg6 16.h5 Se5!** [16.
...b4? 17.Sd5 ed5 18.hg6 (△ Ld7, Th8,
Dh6) fg6 19.Le6 Tf7 20.Th8! Kh8 21. Lf7
+-; 16...g5? 17.h6 gh6 (17...g6 18.h7 +-)
18.Lg4; 16...gh5? 17.Tdg1 Lf6 18.Lf6
Sf6 19.Tg7 +-] **17.hg6**

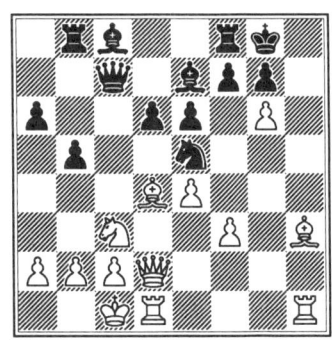

**17...fg6** [17...Sf3! a) 18.Le6? a1) 18.
...Sd2? 19.Th7!! Sb3 20.Kb1 (20.ab3
Lg5 △ Lh6 -+) Sd4 21.Tdh1 +-; a2) 18.
...Lg5! 19.Th7 Ld2 20.Kb1 (20.Td2 fe6
-+) Sd4 21.Tdh1 Lh6 -+; b) 18.Dg2 fg6
△ 19.Dg6 Sd4∓] **18.Lg4 b4** [18...Sf3?
19.Th8! +-] **19.Le5** [19.Se2 Sg4 20.fg4
e5 △ Lg4-h5∓] **de5 20.Se2 Tb6** [ 20.
...Td8] **21.Kb1 a5?** [21...Td8 22.De3
Td1 △ a5-a4∓] **22.Sc1! Td8 23.Sd3
a4?!** [23...La6!?] **24.Dh2± Lf6** [24...b3
25.cb3 ab3 26.Tc1 Da7 27.a3 Td3 28.
Tc8 Kf7 29.f4 Dd7 30.Dh8 Td2 (30...Ld8
31.fe5 +-) 31.Dg8 Kf6 32.Tf8 +-] **25.f4!
ef4** [25...b3 26.cb3 ab3 27.fe5 Dc2 28.
Dc2 bc2 29.Kc2±] **26.e5 +- Lg5** [26.
...Td3 27.ef6 Td1 28.Ld1] **27.Dh7 Kf7
28.Lh5 gh5 29.Dh5 Kg8 30.Tdg1 Lb7
31.Dh7 Kf8 32.Tg5 Df7 33.Th4 Td4 34.
Thg4 g6 35.Dh8 Dg8 36.Dh4 b3** [36.
...Kf7 37.Th5] **37.Tg6 bc2 38.Kc1 1:0**
(Short)


**67**
Spanische Partie (C 90)
**Short - A. Karpow**
Linares 1989

**1.e4 e5 2.Sf3 Sc6 3.Lb5 a6 4.La4 Sf6
5.0-0 Le7 6.Te1 b5 7.Lb3 d6 8.c3 Lg4
9.d3 0-0 10.Sbd2 Sa5 11.Lc2 c5 12.Sf1**
[▢ 12.h3 Lh5 13.Sf1 ±] **Se8** [▢12...Sd7]

**13.Se3 Lh5** [13...Lf3!? 14.Df3 Lg5] **14. g4 Lg6 15.d4 ed** [15...Sc6 16.d5±] **16. cd4 h5?!** [16...Sc6! 17.d5 Se5 18.Sd2 (△f4) Lg5 19.Sg2 Df6! 20.f4 Lf4 21.Tf1 Ld2! 22.Tf6 Lc1 = △ 23.Tg6? Lb2 24. Tg5 La1 25.Da1 Sf3] **17.dc5 dc5** [17. ...hg4 18.cd±] **18.Se5± Dd1 19.Td1 hg4!** [19...Sf6 20.g5!] **20.Ld2!** [20.Sd7 Sc6! △Sd4 =] **Sb7?** [20...Sc4! 21.S3c4 bc4 22.Sg6 (22.Sg4? Sf6! =; 22.Sd7 Sd6 23.Sf8 Kf8 24.Te1 Sb5=) fg6 23.e5 △ Lg6±] **21.Sg6! fg6**

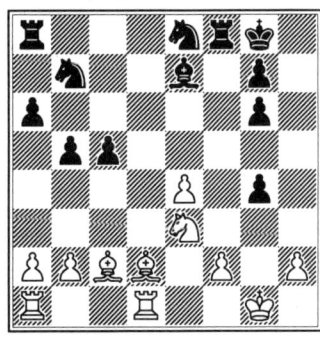

**22.e5** ± **Kh7?!** [22...Sc7 23.Lg6±] **23. Sd5 Ld8 24.Sf4 +- Tf5 25.Lf5 gf5 26. Le3 Lc7 27.Td5 Sa5 28.Lc5 Sc4 29. Sd3 Sd2 30.Kg2 Se4 31.Tc1 Ld8 32. Le3 Sc7 33.Td7** [33.Td8? X Sd3] **Se6 34.Sf4 Sf8 35.Tb7** [35.Tf7?! Kg8! △ 36. Tf5? g6] **Lg5 36.Tcc7 Lf4 37.Tg7 Kh8 38.Lf4 Se6 39.Th7 Kg8 40.Lh6 f4 41. The7 f3 42.Kf1 S4c5 43.Tb6** [43.Ta7?? Td8] **Td8 44.Td6 1:0** (Short)


**68**
Russische Verteidigung (C 42)
**Short - W. Salow**
Amsterdam 1989

**1.e4 e5 2.Sf3 Sf6 3.Se5 d6 4.Sf3 Se4 5. d4 d5 6.Ld3 Ld6 7.0-0 0-0 8.c4 c6 9. Sc3 Sc3 10.bc3 Lg4 11.cd5 cd5 12. Tb1 b6?!** [⌓ 12...Sd7] **13.Tb5! Lc7** [13.

...Sc6? 14.Td5 Lh2 15.Sh2 Ld1 16.Td8 Tfd8 17.Td1±] **14.c4** [14.h3 a6! (14. ...Lh5? 15.c4 +-) 15.Td5!? Dd5 16.hg4] **Dd6 15.Te1!** [15.g3? Df6] **Lf3** [15...dc4 16.Le4 Sc6 17.Td5 Db4 (17...Df6 18. Lg5; 17...Lf3 18.Td6 Ld1 19.Tc6) 18.a3! Db3 (18...Lf3 19.Lf3 Db3 20.Td7 +-) 19. Lh7 Kh7 (19...Kh8 20.Lc2) 20.Sg5 Kg8 21.Dg4±] **16.Df3 Dh2 17.Kf1 Sc6 18. Td5± Tae8**

**19.Le3??** [19.Te8 Dh1 (19...Te8? 20. Th5) 20.Ke2 Te8 21.Le3 a) 21...Te7 22. Td7!! (22.Th5?? Sd4) Td7 23.Dc6 Dh5 24.f3 +-; b) 21...Da1 22.Df5 Te6 (22...g6 23.Dd7 +-; 22...Sd4 23.Td4 Dd4 24.Dh7 Kf8 25.Dh8 △ De8 +-) 23.Dh7 Kf8 24. Dh8 Ke7 25.Dg7 +-] **g6??** [19...f5! ∓ △ 20...Sb4, 20...Se7, 20...f4] **20.a3!±** **Dh1** [20...f5 21.Dh3 Dh3 22.gh3 f4 23.Ld2 Td8 24.Lc3±] **21.Ke2 Dh4 22.g4** [△Th1 mit Angriff] **f5 23.Td7 f4** [23...fg4 24.Dd5 Kh8 25.Dc6 Df2 26.Kd1 Te3 27.Th7 +-] **24.Th1 Df6** [24...Sd4!? 25.Td4 Df6 26. Td7 fe3 27.Df6 Tf6 28.f3! +- Lf4 29.Thh7 △ c5] **25.Dd5 Te6 26.g5 +- Sd4 27.Kd1 1:0** (Short)


**69**
Sizilianisch (B 80)
**Short - Ribli**
Barcelona 1989

1.e4 c5 2.Sf3 d6 3.d4 cd4 4.Sd4 Sf6
5.Sc3 a6 6.Le3 e6 7.f3 b5 8.g4 h6 9.
h4!? b4!? [9...Lb7] 10.Sce2 e5 11.Sb3
d5 12.Sg3! d4 [12...de4 13.Dd8 Kd8 14.
0-0-0 Sbd7 15.g5 hg5 16.hg5 Th1 17.
Sh1 Sh5 18.fe4 △ Lc4±] 13.Lf2 Le6 14.
Ld3 h5? [14...Sc6 15.De2 a5±] 15.g5
Sfd7 16.f4± Lg4 17.Le2

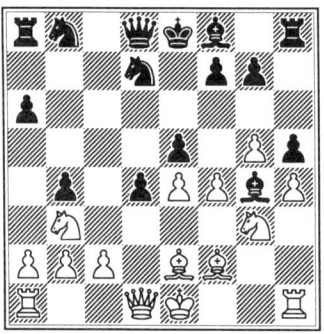

17...ef4 18.Sh5 Le2 19.De2 d3!? 20.
cd3 [20.Dd3!? (Speelman) Th5 21.Dd5
Sc6 22.Dc6 Tc8 23.Da6 Tc2 24.Td1±]
f3 21.Df3 Se5 22.De2 Sd3 23.Kf1 Sf2
24.Kf2 Sc6 25.Kg2 Db8 26.Tac1 Se5
[26...Db5 27.Db5 ab5 28.Tc6 Th5 29.
Sd4 △ 29...Ta2 30.Tc8; 26...Se7!
(△Sg6) 27.Dg4 Sg6 28.Sg3±] 27.Sf4
Ld6 28.Sd4 0-0 29.Sd5 Te8 30.Sf5
Sg6?! [30...Ta7 △ Lf8] 31.Tcf1 Sf4?!
[31...Ta7] 32.Sf4 Lf4 33.Df3 Le5

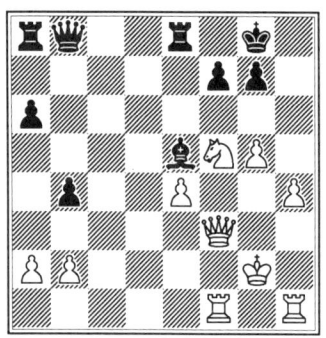

34.Sg7 [34...Lg7 35.Df7 Kh8 36.Dh5

50

Kg8 37.g6 Lh6 38.Dh6 Db7 39.Tf4 Te4
40.Dh7 +-; 34...Kg7 35.Df7 Kh8 36.Dh5
Kg8 37.Tf7 Lg7 38.g6 +-] 1:0 (Short)

70
Damengambit (D 58)
J. Timman - Short
Luzern 1989

1.d4 Sf6 2.c4 e6 3.Sf3 d5 4.Sc3 Le7 5.
Lg5 h6 6.Lh4 0-0 7.e3 b6 8.Le2 Lb7 9.
Lf6 Lf6 10.cd5 ed5 11.0-0 Sc6 12.Tc1
Te8 13.Se1 [13.a3] a5! [14.Sd3 Sb4] 14.
a3 [14.Lb5 Te6=; 14.Sb5! Te7 15.a3±]
Se7 15.Sd3 Sf5 16.Lf3 [16.Lg4 Sd6 17.
Lf3 c6 18.b4 ab4 19.ab4 La6 =] Sh4! 17.
Lg4 c5 18.g3 Sg6 [18...cd4?! 19.Sb5
de3 20.gh4 d4 21.Sc7±] 19.dc5 d4

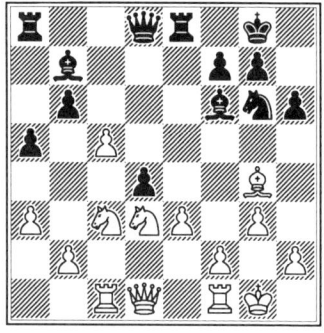

20.ed4 Ld4 21.Sb5 [21.Lf3 La6!? (21.
...Lf3 22.Df3 bc5 23.Se4 Se5 =) 22.La8
Da8 23.c6! Dc6 24.Se2 De4 25.Sd4 Dd4
26.Te1 Te1 27.Se1 Db2⩱] bc5 [21...Dd5
22.c6 (22.Lf3 Df3 23.Df3 Lf3 24.Sd4
Le4⩱) Lc6 23.Tc6 Dc6?! 24.Sd4 De4 25.
Sb3 Tad8 26.Sbc1±; 23...Db5=] 22.
Sd4 cd4 23.Tc5!? [23.Lf3 Lf3 24.Df3
Se5 =] La6 24.Lf5 Dbb6 25.b4 ab4 26.
ab4 Tad8 27.Da4! Ld3 28.Ld3 Se5 29.
Le4 Df6 [29...d3 30.Td5 △ 30. ...d2?!
31.Td2] 30.Td5 Sc4 31.Td8 Td8 32.Dc2
Se5 remis (Timman)

**71**
Zweispringerspiel (C 59)
**Short - P. Nicolic**
Skelleftea 1989

1.e4 e5 2.Sf3 Sc6 3.Lc4 Sf6 4.Sg5 d5 5.
ed5 Sa5 6.Lb5 c6 7.dc6 bc6 8.Le2 h6
9.Sh3 Ld6 10.d3 0-0 11.Sc3 Tb8 [11.
...Sd5] **12.0-0** [12.a3 Sd5 mit Gegen-
spiel] **Tb4** [12...Sd5!?] **13.Kh1!** [13.a3?!
Th4 14.b4 Sb7 15.Lf3 (15.Se4 Se4 16.
de4 a5!) e4! 16.Se4 Se4 17.Le4 Lh3 18.
gh3 Th3 mit Angriff] **Lh3** [13...Th4? 14.
Sg1! △ g3±] **14.gh3 Th4 15.Tg1** [15.
Lg4? Sg4 16.hg4 f5! mit Angriff] **Th3**

**16.Tg3 Th4?!** [16...Tg3 17.hg3± X a7]
**17.Dg1 Se8** [17...Kh8!? 18.Lf3 (18.
Tg7?! e4 19.Tg2 ed3 20.Ld3 Tg8!; 18.
Dg2!?) Sh5 (18...e4? 19.Se4 Se4 20.de4
Lg3 21.fg3 Th3 22.Lg4 +-; 19.Lh5 Th5
20.Se4! g6 21.Ld2 Lc7 22.Dg2 △ Tg1,
Df3±] **18.Se4 Lc7 19.Sd2!** e4 [19...f5
20.Sf3 Th5 (20...Tb4 21.a3 Tb8 22.Lh6)
21.Se5; 19....Kh8 20.Sf3 Tb4 21.a3 Tb8
22.b4 Sb7 23.Lb2±] **20.de4 De7** [20.
...Lg3? 21.fg3 Th3 22.Lg4 +-] **21.Tg2 f5**
**22.Sf3! Th3** [22...Te4 23.Ld3 Te6 24.
Ld2 (△ b4, Lc4) Kh8 (24...Sd6 25.Sd4
Tef6 26.La5 La5 27.Sc6 +-) 25.b4 Sb7
26.Lc3 Dd7 (26...Sbd6 27.Sd4 △ Sc6)
27.Te1! △ Se5 mit Angriff] **23.e5 Le5 24.
Ld2?!** [24.De1! Dc7 (24...Lc7 25.Lc4 +-;
24...Ld6 25.Sg1 +-) 25.Ld2 Sb7 26.Lc4

△ Se5 +-] **Lb2 25.Te1 Da3 26.Tg3 Tg3
27.Dg3 Sf6?** [27...Sb7? 28.Lc4 Kh8 (28.
...Kh7 29.Te8! Te8 30.Lf7 Tf8 31.Dg6
Kh8 32.Sg5 hg5 33.Dh5 Matt) 29.Sh4!
Dg3 30.fg3 Kh7 31.Sf5; 27...Da2!? 28.
Lb4 c5! (28...Sb7 29.Df4!; 28...Sf6 29.
Lf8 Kf8 30.Db8 Kf7 31.Se5; 28...Dd5 29.
Db8) 29.Lc5 Lc3! mit Gegenspiel] **28.
Sh4! +- Da2** [28...Dg3 29.fg3 Sb7 30.
Tb1] **29.f3 Dd5 30.Ld3 f4** [30...Sc4 31.
Sf5 Sh5 32.Dg4 △ Se7 X Sc4, Sh5] **31.
Dg2 Tf7 32.Sf5 Kh8 33.Se7 Dc5 34.Sg6
Kg8 35.Dh3** [△Dc8; 35...Sd7 36.Te8
Sf8 37.De6 △ Tf8] **1:0** (V. Kovacevic)

**72**
Sizilianisch (B 46)
**Short - M. Tal**
Skelleftea 1989

1.e4 c5 2.Sf3 Sc6 3.d4 cd4 4.Sd4 e6 5.
Sc3 a6 6.Sc6 bc6 7.Ld3 d6 8.0-0 Sf6 9.
De1 Le7 10.f4 e5 [10...d5!? van der
Wiel] **11.Kh1** [11.fe5!? de5 12.Dg3 Sg4!
(12...0-0 13.De5 Ld6!≈ van der Wiel) 13.
h3 Dd4 14.Kh1 h5 15.Sd1 Le6 16.Sf2 h4
(16...Sf2!? 17.Tf2 g5∓ Krnic) 17.Df3 Sf2
18.Tf2 g5 19.c3 Dd7∞ Anand - Krnic,
Belgrad 1988; 17...Sf6!∓] **ef4 12.Lf4 0-0**

**13.e5** [13.Td1 Le6 14.e5 Sd5 15.ed6
Ld6 16.Ld6 (16.Sd5 cd5 17.Ld6 Dd6∞)
Dd6 17.Dh4 f5∞] **de5 14.Le5 Le6 15.**

**Td1 Sd7 16.Dg3 g6 17.Lc7 Dc8 18.Se4 f5! 19.Sf2 Sf6 20.Le5 c5! = 21.c4 Dc6 22.Le2** [22.b3 Tad8 (22...Sh5?! 23.De3 Tae8 24.Le2 Sf6 25.Lf3±) 23.Le2 =, siehe 22.Le2] **Tad8 23.b3 Td1 24.Td1 Td8 25.Td8 Ld8 26.Dh4 Lf7 27.Sd3 Le7 28.h3 De6**

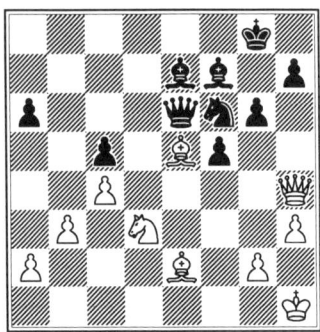

**29.Dh6! Lf8 30.De3 Ld6 31.Lf3 Sd7 32. Lf4 Df6** [32...De3 33.Le3 △ Lc6±] **33. Lb7 Lf4 34.Sf4 Kg7?** [34...Da1? 35.Kh2 Da2 36.Ld5! Sf8 37.De8! Ld5 38.Sd5 +-; 34...a5 35.Lc8 Da1 36.Kh2 De5 =] **35. Lc8 Sb6 36.La6 +- g5 37.Sd3 Sd7 38. Lb5 f4 39.De2 Sf8 40.Sc5 1:0** [Zeit] (D. Rajkovic)

**73**
Russische Verteidigung (C 42)
**Short - J. Timman**
Hilversum 1989

**1.e4 e5 2.Sf3 Sf6 3.Se5 d6 4.Sf3 Se4 5. d4 d5 6.Ld3 Ld6 7.0-0 0-0 8.c4 c6 9. cd5 cd5 10.Sc3 Sc3 11.bc3 Lg4 12. Tb1 b6 13.Tb5?! Lc7 14.c4?! dc4! 15. Le4 Sc6!**

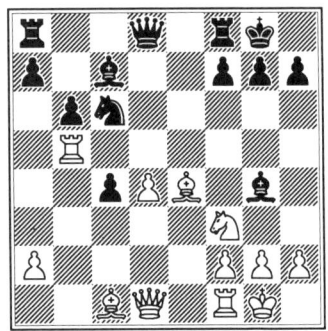

**16.Tg5** [16.Lc6 Dd6 -+; 16.La3 Df6!∓] **Lf3 17.Df3 Dd6** [17...Sd4?! 18.Lh7! Kh7 19.Dh5 Kg8 20.Tg7 =] **18.Tg3?!** [18.g3 Sd4 19.De3 Tae8 20.La3 Se2 21.Kg2 Dd4∓; 18.Th5 g6 19.La3 Sd4 20.Dh3 Se2 21.Kh1 Dd4∓] **Sd4 19.Dg4 g6** [19. ...De5?! 20.Lf4 Se2 (20...h5 21.Le5 hg4 22.Ld4 Tad8 23.Tg4 Td4 24.Lh7 Kh7 25. Td4 b5 =) 21.De2 Df4 22.La8 Ta8 23. Te1∓] **20.La8 Ta8?** [20...f5 21.Dd1 (21. La3 De5 22.Dd1 b5 23.Lb2 Se2 -+) Ta8 △ Td8 -+] **21.Td1 Td8 22.Kf1 Dd5?** [22. ...h5 23.De4 b5∞] **23.Te3 f5?** [23...c3 24.Tc3 Db5 25.Tcd3±] **24.Dh4 +- f4** [24...c3 25.Td4 Dd4 26.Te8 +-] **25.Te7 h5 26.Df6 1:0** (Timman)

**74**
Spanische Partie (C 78)
**Short - R. Hübner**
Manila 1990

**1.e4 e5 2.Sf3 Sc6 3.Lb5 a6 4.La4 Sf6 5. 0-0 Le7 6.De2 b5 7.Lb3 0-0 8.c3 d5 9. d3 Lb7 10.Te1 Te8** [10...de 11.de Sa5 12.Lc2 Sc4 13.b3 Sd6 14.Sbd2 Sd7] **11. Sbd2 Lf8 12.a3 Sa5 13.La2 c5?** [13. ...de!? 14.de c5 15.b4 Sc6 =] **14.b4 Sc6?** [14...de 15.Sg5! ed 16.Lf7 Kh8 17. Le8; 14...cb 15.ab! Sc6 16.ed Sd5 17. Se4 h6 18.Lh6 Sc3 19.Sc3 gh 20.Se4] **15.ed Sd5**

Sd7 14.Sd2 Sf6 15.Df3 c6 [△ 16...Db6
17.Sb3 Se4] 16.Db3 Db6 17.Db6 ab6
18.a3 [△ 18.a4 Se4 (18...Te2 19.Tfd1
Se4 20.Se4 de4 21.Tac1, 22.Kf1) 19.
Se4 Te4 20.c3] 18...Se4!? [18...Sh5 19.
Lc7 Shf4 20.Lb6 Ta6 21.Lc5 b6 22.Ld6
Se2 23.Kh1 Sd4 24.c4!?∞] 19.Se4 Te4
20.Tfd1 b5 21.Kf1 f6 22.f3 Te6 23.Te1

16.Se4 cb 17.Sfg5 h6 18.Df3! hg
19.Sg5 Df6 20.Dd5 Sd8 [20...Te7
21.De4 g6 22.Dh4 Dg7 23.Se4 +-]
21.Dd7 Lc6 22.Dh3 Lc5 [22...Dg6 23.ab
+-] 23.d4 b3 24.Lb3 Lb6 25.Dh7 Kf8
26.Ta2 +- [X e5] Ld7 27.Tae2 Lf5
28.Te5 Te5 29.Te5 Lh7 30.Sh7 Kg8
31.Sf6 gf 32.Te8 Kg7 33.h4 Tc8 34.Ld2
La5 35.g3 Lc3 36.Td8 Td8 37.Lc3 Tc8
38.Ld2 Td8 39.d5 Ta8 40.La5 Kf8 1:0
(Anikajew)

75
Französische Verteidigung (C 01)
M. Gurewitsch - Short
Manila 1990

1.d4 e6 2.e4 d5 3.ed ed 4.Sf3 Lg4 5.h3
[5.De2!? Se7 6.Db5 Sbc6 7.Se5±; 5.
...De7 =] 5...Lh5 6.Le2 Ld6 [6...Sc6] 7.
Se5?! Le2 8.De2 Se7 9 0-0 0-0 10.Lf4
Te8 11.Dg4 Le5! 12.Le5 Sg6∓ 13.Lg3

23...Kf7 24.Te6 Ke6 25.Te1 [25.Le1!?]
Kd7 26.Ke2?! [26.Lf2△ g4] h5! ± 27.
Kd3 h4 28.Lh2 Se7 29.Lf4 Sf5 30.Ld2
b6 31.Te2 [31.Lb4 Tc8 32.Te2 c5 33.
Lc3 Ta8 △ 34...Ta4] 31...c5 32.Le3 b4!
[32...Kc6? 33.Lf2 △ Te6] 33.ab [33.dc5
ba3 34.ba3 Ta3] c4 34.Kc3 [34.Kd2 Ta2
35.Kc1 Ta1 36.Kd2 Tb1 37.Kc3 Sd6] 34.
...Sd6 35.Te1 [35.b3 Ta2 36.bc4 Ta3]
Ta4 36.Kd2 [36.Tb1!? Sb5 37.Kd2 Tb4
38.b3 △ 38...Sa3 39.Kc3] 36...Tb4 37.
Ta1 Tb2-+ 38.Ta7 Ke6 39.Tg7 b5 40.
Lf2 b4 41.Kc1 c3 42.Lh4 Sf5 [42.Tg4
Se3] 0:1 (Short)

53

# Anand

**76**
Katalanisch (E 05)
**G. Kusmin - Anand**
Frunse 1987

**1.d4 Sf6 2.c4 e6 3.g3 d5 4.Sf3 Le7 5. Lg2 0-0 6.0-0 dc 7.Sa3 La3 8.ba3 b5?!** [8...Ld7] **9.a4!** [9.Se5; 9.Sg5!?] **a6 10. La3!?** [10.Tb1 Lb7!=; 10.Sg5! c6 (10. ...Sd5 11.Dc2!±) 11.e4 h6 12.e5! ⩱] **Te8 11.Se5 Sd5 12.e4 Sf6 13.Sf7!?** [13.f4 Lb7∞] **Kf7 14.e5 Sd5 15.Dh5 Kg8 16. Le4 g6 17.Lg6 Te7 18.Le7 De7**

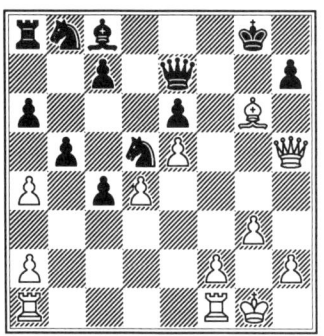

**19.Le4!** [19.Lh7 Dh7 20.De8 Kg7 21. Dc8 Dg8⩲] **Sc6 20.f4! Df7 21.Df7?** [21. Lh7! Kg7 (21....Dh7 22.De8 Kg7 23. Dc6? De4!=; 23.f5! ef 24.Dc6+-) 22.Dh4 De7 23.Dh3±] **Kf7 22.Tad1 Sce7! 23. g4 Ld7∓ 24.Tf3 h5! 25.f5 Tg8 26.fe6 Ke6 27.g5 Tg5 28.Kf2 Tg4 29.Lh7 b4 30.h3 Tf4 31.Tf4 Sf4 32.Kg3 Sfd5 33. Kh4 La4 34.Tf1 Le8 35.Kg5 c3 36.Tf8 Lg6 -+ 37.Lg6 Sg6 38.Kg6 c2 39.Tf1 a5 40.Tc1 Se3 41.Kg5 a4 42.Kf4 Sd5 0:1** (Anand)

**77**
Caro-Kann (B 13)
**Anand - Karolyi**
Frunze 1987

**1.e4 c6 2.c4 d5 3.ed5 cd5 4.cd5 Sf6 5. Sc3 Sd5 6.Sf3 Sc6 7.d4 Lg4 8.Db3 Lf3 9.gf3 Sb6 10.Le3** [10.d5] **e6 11.0-0-0 Le7 12.d5 ed5 13.Sd5!?** [13.Lb6] **Sd5 14.Td5 Dc7 15.Kb1 0-0 16.f4!±** **Sb4! 17.Td4** [17.Td1 Dc6] **Sc6** [17...a5 18.a3 Sc6 19.Td1 a4 20.Db6] **18.Td1 Lf6 19. Lg2 Tfd8** [△Sd4] **20.Le4!** [X c2] **Td1** [20. ...g6] **21.Td1 Td8?! 22.Td8 Ld8**

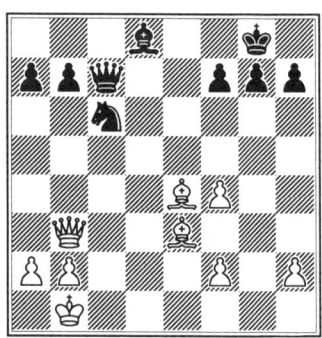

[22...Sd8!? 23.Da4! De7! 24.Lc5! De6 25.La7!] **23.Dd3± h5 24.Lc6 bc6 24. La7 Da7 26.Dd8 Kh7 27.Dd3 g6 28. De3 Dd7 29.b3 Df5 30.Kc1 Df6 31.a4 c5 32.Kc2** [32.Dc5 Df4 33.Kb2 Dh2 34. a5 Dg2 35.a6 h4 36.a7 h3 37.Dc7 Df2 (37...h2 38.Df7+-) 38.Ka3 Df1!∞] **Db6?!** [32...Dc6 36.De2±] **33.f5! Dd6 34.fg6 fg6 35.a5! Dc6 36.De2!** [36.h4 c4 37. De7 Kg8!] **Kh6 37.a6 Db6 38.h4!** [△De3] **g5 39.hg5 Kg5 40.De7 Kg4 41.a7 1:0** (Anand)

**78**
Spanische Partie (C 70)
**Anand - S. Agdestein**
Baguio City 1987

**1.e4 e5 2.Sf3 Sc6 3.Lb5 a6 4.La4 b5 5. Lb3 Sa5 6.0-0 d6 7.d4 Sb3 8.ab3 f6 9.**

Sc3 Lb7 10.Sh4 Se7 11.de5! de5 [11.
...fe5 12.f4±] 12.Df3 Dd7 13.Td1 De6
14.Sd5 [14.Le3 g5? 15.Sb5! ab5 16.Dh5
Df7 17.Ta8 La8 18.Td8 +-; 14...h5!? △
Dd4] Sd5 15.ed5 Df7 16.Le3 [16.Sf5!]
Le7?! [16...g6∞] 17.Sf5 Td8 18.c4 g6
[18...0-0? 19.Lh6] 19.Sh6! [X Ke8] Dg7
[△f5] 20.Dg3 Lc8 21.h4! Ld6 [21...f5 22.
Lg5!] 22.Df3 [22.c5 Lc5; 22.Tac1 e4 23.
Lf4 Dh6! 24.Lh6 Lg3 25.fg3±] Le7
[△Tf8] 23.Tac1 bc4 24.bc4 Tf8 25.c5±

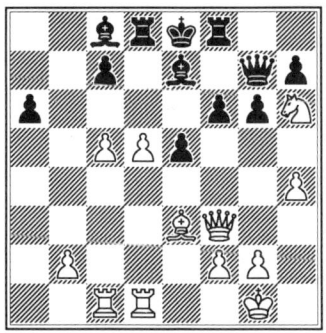

25...f5 26.Lg5 Lg5 27.hg5 De7 28.Dg3
f4 29.Dh4 e4 30.d6! +- De5 [30...cd6
31.cd6 De6 (31...De5? 32.Tc8!) 32.Tc7
e3 (32...Ld7 33.Sg4) 33.Sg4! e2 34.Te1
Td6 35.Te2! De2 36.Tc8 Td8 37.Sf6 Tf6
38.Td8 Kd8 39.gf6 Ke8 40.Dh7 +-] 31.
dc7 Td1 32.Td1 e3? [32...Dc7 33.Sg4
Lg4 34.Dg4 Tf5 35.De2 mit Angriff] 33.
Td8 Ke7 34.Sg8! Tg8 35.Tg8 Le6 36.
c8D [36.Dh7 Lf7 37.Te8 Ke8 38.c8D
Ke7 39.Db7 Kd8 40.Dh8! +-] ef2 37.Df2
Lc8 38.Tc8 1:0 (Anand)

79
Sizilianisch (B 42)
**Anand - Ninow**
Baguio City 1987

1.e4 c5 2.Sf3 e6 3.d4 cd4 4.Sd4 a6 5.
Ld3 Lc5 6.Sb3 La7 7.Sc3 Sc6 8.De2 d6
9.Le3 Le3 10.De3 Sf6 11.g4 b5 [11.

...Sg4 12.Dg3 Sf6 13.Dg7 Tg8 14.Dh6
Ld7! △ De7, 0-0-0±] 12.0-0-0 0-0 13.
g5 Se8 [13...Sd7 14.Le2± X d6] 14.f4
b4 15.Se2 a5 16.Sbd4 Sd4 17.Sd4
Db6?! [17...a4!±] 18.e5! ± Lb7 19.Thf1!
de5 [19...a4 20.f5!±; 19...Td8 20.f5!±]
20.fe5 Td8 [20...g6 21.Sf5±] 21.Lh7
Kh7

22.g6! Kg8 [22...Kg6 23.Dd3] 23.Dh3
Sf6 24.ef6 fg6 25.fg7 1:0 (Anand)

80
Sizilianisch (B 70)
**Anand - Babu**
Indien 1988

1.e4 c5 2.Sf3 d6 3.d4 cd4 4.Sd4 Sf6 5.
Sc3 g6 6.Le2 Lg7 7.0-0 Sc6 8.Sb3 0-0
9.Lg5 a5 10.a4 Le6 11.Tb1! Tc8
[11...Sd7 12.Sd5 Sb6 13.Lb5±] 12.Kh1
Sb4 13.Sd4 Lc4 14.Sdb5 Dd7 15.f4 [15.
Lc4 Tc4 16.De2 Tfc8 17.f4 De6 18.
Tbe1 ±] De6 16.f5 [16.Ld3 Lb5! 17.ab5
Sd3 18.cd3±] Le2 17.De2 Dc4 18.Dd2
Tcd8?! [18...Se4 19.Se4 De4 20.Tbe1!
(20.f6 Lf6! 21.Lf6 Tc2∓; 20.c3 f6∞) Dc2
21.Dc2! Sc2 (21...Tc2 22.Le7 mit Angriff) 22.Te7⩲] 19.b3 Dc6 20.Tbe1 Tfe8
[20...d5 21.Sd4 Dc8 22.e5±; 22.Lf6!?±]

55

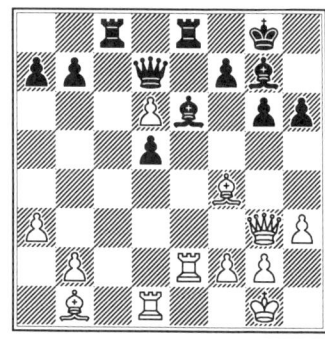

21.Sd4 Dc8 22.Scb5 Sd7 [22...d5 23. Lf6 ef6 24.c3 Sc6 25.ed5±] 23.c3 Sc6 24.Te3 Le5?! [24...Sf8±] 25.Th3 Sc5? 26.De1 Sd7 27.Dh4 Sf8 28.fg6 +- hg6 29.Lh6 [29.Tf6? Dh3!] Dd7 30.Lf8 Kf8 31.Dh6 Lg7 32.Dg6 Se5 33.Se6 1:0 (Anand)

**81**
Caro-Kann (B 14)
**Anand - Ravi**
Indien 1988

1.e4 c6 2.d4 d5 3.ed5 cd5 4.c4 Sf6 5. Sc3 e6 6.Sf3 Le7 7.cd5 ed5 8.Ld3 Sc6 9.h3 0-0 10.0-0 h6 11.Lf4! Le6 [11. ...Ld6 12.Le5±] 12.Te1 Tc8 13.Dd2 Te8 14.Tad1 Lb4?! [14...Lf8] 15.a3! Lf8 [15. ...Lc3 16.bc3 Se4 (16...Sa5 17.Lh6! +-) 17.Le4 de4 18.Te4 Dd5 (18...Ld5 19. Te8 De8 20.Te1 Dd7 21.Sh2 Te8=; 20. Sh2! △ Sg4±) 19.Te3! Ld7 20.c4! Dc4 21.d5 ±] 16.Lb1 Sd7 17.Se5 [17.Te2! Sb6 18.Tde1±] Sce5 18.de5 Sb6 19. Dd3 g6 20.Dg3 Sc4 21.Se4 [21.Lg6 fg6 22.Dg6 Lg7 23.Se4 Lf7! △ 24.Sb6 Df6!] Lg7 22.Te2 [22.b3 Sa3 23.Sd6 Sb1±; 22.Sd6! Sd6 23.ed6±] De7? [22...de4! 23.Td8 Ted8 24.Le4 (24.Te1 g5 25.Lc1 Le5=) Td1 25.Kh2 g5 26.Lg5 hg5 27. Dg5 Se7 28.f4 Sd7 29.Lb7 Tcc1 30. g4!∞] 23.Sd6 Sd6 24.ed6 Dd7

25.Tde1 d4 26.h4 Kf8 [26...Tc5 27.Lg6! +-] 27.h5 g5 28.Le5 Tc5 29.Lg7 Kg7 30. Dd3 +- Dd6 31.Dh7 Kf8 [31...Kf6 32. Dh6 (32.Lg6 Df8; 32.Le2) Ke7 33.Ld3] 32.Lg6! Df4 33.Dh8 1:0 (Anand)

**82**
Sizilianisch (B 48)
**Anand - Gobet**
Biel 1988

1.e4 c5 2.Sf3 e6 3.d4 cd4 4.Sd4 Sc6 5. Sc3 a6 6.Le3 Dc7 7.Dd2!? Sd4 [7...Sf6 8.f3 d5!? 9.ed5 Sd5 10.Sd5 ed5 11.Ld3 Ld6 12.0-0-0 0-0 13.g3 Le5 14.Df2 Ld7 15.c3 = remis, Saltajew - Lalew, Bulgarien 1988] 8.Ld4 Se7 9.Dg5! h6 [9. ...Sc6? 10.Lg7 Tg8 11.Le5±] 10.De3 d6?! [10...b5∞] 11.Lb6!± Db8 12.f4 Ld7 13.f5 [13.0-0-0 Sc8 14.Ld4±] Sc8 14.fe6 fe6 15.Le2 [15.Ld4 e5 16.Lb6 Sb6 17.Db6 Da7 18.Sd5 Db6 19.Sb6 Td8 20.Lc4±] Sb6 16.Db6 Da7!∓ 17. Lh5 [17.Db3!? 0-0-0 18.0-0-0 ∓] Ke7 18.Db3 [18.Da7 Ta7 19.0-0] g6! 19.Lg4 h5 20.Le2 Lh6 [20...Lg7 21.0-0-0 Le5∓] 21.e5 d5 22.Db4 Ke8 23.Sd1 Tf8 24. Ld3 Tf4!

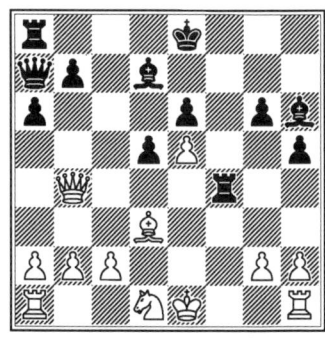

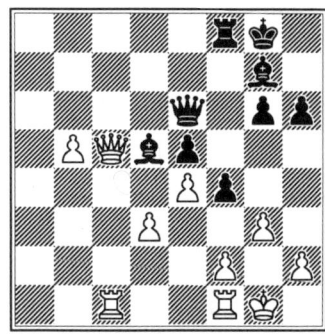

(29.Da7 ed3! 30.Tb2 de2 mit Angriff) Lc3 mit Gegenspiel b) 26.de4! Le4 27.Dc5 Tb8 28.Db6 Tb6±] **24.Sab6 Tb6 25.Sb6 Db6 26.Dc5 De6 27.e4** [27.f3 (△ 27. ...fg3 28.hg3 Tb8 29.e4±) Tb8! △ Lf8 mit Gegenspiel]

**25.Lg6 Kd8 26.Da5 b6** [X Da7] **27.Dc3 Tg4! 28.Lh5 Te4 29.Kf1 Lb5** [29...Tc8! 30.Dg3 Tc2∓] **30.Kg1 Tc8 31.Dg3 Dg7?** [31...De7! ∓ △ 32.Dg8? Kd7 33. Df7 Te1 -+] **32.Dg7 Lg7 33.Sc3 Te5 34. Lf3 Te1!?** [34...Ld7⯑; 34...Lc4] **35.Kf2 Th1 36.Th1 Lc3 37.bc3 Tc3 38.Ld1 e5 39.Te1 e4 40.h4 Ke7 41.Te3 Tc8 42.h5 Kf6 43.Tg3 d4 44.Tg6 Ke5 45.Te6 remis** (Anand)

**83**
Englische Eröfnung (A 26)
**Akopjan - Anand**
Belgrad 1988

**1.c4 e5 2.Sc3 d6 3.g3 g6 4.Lg2 Lg7 5. Sf3 f5 6.d3 Sc6 7.0-0 Sf6 8.Tb1 a5 9. a3 0-0 10.b4 ab4 11.ab4 h6 12.b5 Se7 13. c5 Le6 14.Ld2 Sd7?!** [14...b6 15.cb6 cb6=] **15.cd6 cd6 16.Sa4** [△Lb4] **b6 17. Lb4 Sc5 18.Lc5 dc5** [18...bc5 19.Sd2±] **19.Dc2!** [19.Sd2? e4! 20.Dc2 Sd5 21. Sc4 Sb4 22.Db3 Ta5!∓] **Ta7** [19...Sd5!? 20.Sh4! Kh7 21.e4! Sb4 22.Tb4 cb4 23. ef5 Tc8 24.fg6 Kg8 25.Lc6 b3!∞] **20. Sd2 Sd5 21.Ld5! Ld5 22.Sc4 Tb7?! 23. Tbc1** [23.Tfc1!? e4! 24.Scb6 Tb6 25. Sb6 Db6 26.Dc5 De6 27.b6 ed3 28.ed3 Lb7±] **23...f4** [23...e4!? 24.Sab6 Tb6 25. Sb6 Db6 a) 26.Dc5 De6 27.Tfd1 (27.b6? f4! mit Angriff) Lb2! 28.Tb1 Tc8! 29.Db4

**27...Lb3! 28.f3** [28.Kh1 Dh3 29.Tg1±] fg3 29.hg3 Dh3 30.Df2 Tb8! 31.Tc6 [31. b6 Tb6! =] **Tb5 32.Tg6 Lf7** [32...Le6? 33.f4 ± Lf7 34.Tg7 Kg7 35.fe5] **33.Tg4 h5 34.Tg5 Ta5 = 35.Db6! Ta2 36.Db8 Kh7 37.Tg7 Kg7 38.De5 Kg6! 39.Tf2 Tf2 40.Dd6** [40.Kf2 Dh2 41.Ke3 Dg1 =] **Kh7 41.Kf2 Dh2 42.Ke3 h4! 43.De7 Dg1 44.Ke2** [44.Kd2 Df2 45.Kc3? Dg3!±] **Dg2 remis** (Anand)

**84**
Sizilianisch (B 33)
**Anand - Jepischin**
Belgrad 1988

**1.e4 c5 2.Sf3 Sc6 3.d4 cd4 4.Sd4 Db6 5.Sb3 Sf6 6.Sc3 e6 7.Ld3 Le7 8.0-0 0-0 9.Le3 Dc7 10.f4 d6 11.Df3 a6 12.Sd4!?** [12.Kh1 b5 13.Sd4 Lb7 14.Dh3 Tad8!∞] **12...Ld7?!** [12...Sd4! 13.Ld4 e5 14.fe5 de5 15.Dg3 Lc5! =] **13.Kh1 b5 14.a3 Tab8 15.Sc6! Lc6 16.Dh3 g6?** [16...e5! 17.fe5 de5 18.Dg3 (18.Sd5? Ld5 19.ed5 e4∓) Sh5! (18...Kh8 19.Tf5! Sd7 20. Taf1±) 19.Df3 g6∞] **17.f5! b4** [17...ef5 18.ef5 b4 19.Se2±] **18.ab4 ef5**

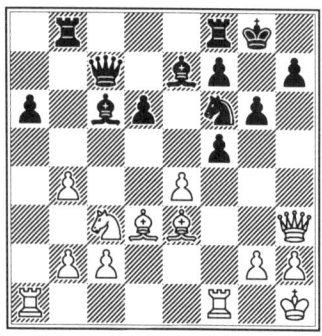

29.Sf5 Df5) hg4 26.Sg6 fg6 27.Dg6 Te1
28.Te1 Df8 29.Lf6 Df6 30.Dh7 Kf8 31.
Se5 Le8 32.Sg4 mit Angriff] **24.Te4 Te4**
**25.De4 Sc3 26.Dd3 Sb1 27.Lb1 Ta1?**
[27...h5!∓ △ 28.gh5 Lf5 29.Dd1 Lb1 30.
Db1 Ta1] **28.Scd2 h5 29.gh5 Lf5 30.**
**Se4!** [30.Df1 Lb1 31.Sb1 Df5 32.Sfd2
Lh6 -+; 30.Db3 Lb1 31.Sb1 Df5 32.Sfd2
Df4 -+] **c6!**

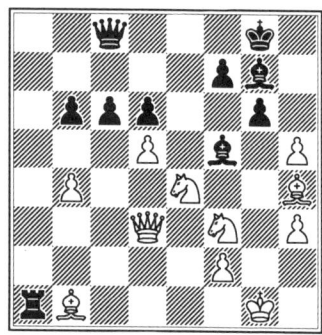

**19.b5!** [19.ef5? Tb4! 20.Lh6 Sh5! (20.
...Te8 21.Tae1 ±) 21.fg6 (21.Lf8 Th4 mit
Angriff) hg6 22.Lg6 Th4!∞] **ab5** [19.
...fe4 20.bc6 ed3 21.Tf6!±; 19...Le4 fe4
21.ba6!±; 19...Lb5 20.Sb5 ab5 21.
ef5±] **20.ef5 b4 21.Se2±** [mit Angriff]
**Ta8** [21...Tfe8 22.Ta7±] **22.Ta8!** [22.
Tae1 Tae8!] **La8 23.Ld4! Dd8 24.Sf4**
[24.Dh6 Sh5! 25.fg6 fg6] **Lc6 25.Dh6**
**Da8 26.Lc4!** [26...d5 27.Ld3 +-; 26.fg6
fg6 27.Lg6 hg6 28.Dg6 Kh8 29.Se6 Lg2
30.Kg1] **1:0** (Anand)

**85**
Spanische Partie (C 77)
**Kupreitschik - Anand**
Belgrad 1988

**1.e4 e5 2.Sf3 Sc6 3.Lb5 a6 4.La4 Sf6 5.**
**d3 d6 6.c3 Ld7 7.Sbd2 g6 8.0-0 Lg7 9.**
**Te1 0-0 10.d4!?** [10.Sf1] **Te8 11.a3**
**Lh6!?** [11...h6] **12.Lc2 a5** [△ a4] **13.Tb1**
**Lg7** [13...a4? 14.La4 Sd4 15.Ld7 Sf3
16.Sf3 +-] **14.b4** [14.Sf1? a4∓] **ab4 15.**
**ab4 ed4 16.cd4 Sh5! 17.d5 Sa7** [△Sb5]
**18.Sc4! Sb5 19.Dd3 b6** [19...Lg4 20.
Sa5; 19...c6 20.dc6 Lc6 21.Sa5 △
Lb3±] **20.h3** [20.Ld2 Df6 21.Lg5?! Dc3]
**Sf6** [20...Df6 21.Lb2±] **21.Lg5** [21.Ld2?
Se4∓] **h6 22.Lh4?! Dc8 23.g4?** [△ e5±]
**Se4!** [23...h5 24.e5 de5 25.Sfe5! (25.Lf6
Lf6 26.Sfe5 hg4 27.Sf7! Lf5 28.Sh6 Kg7

**30.De6 fe6 34.Kh2!** [34.Kg2 Tb1
-+] **Tb1 35.Sb1 Le4 36.Sd2 Ld5** [36.
...Ld3∓] **37.hg6 Lc3 38.Sf1 Le4** [38.
...Lb4? 39.Lg6 Le4 40.g7] **39.b5 Lg6∓**
**40.Se3 Ld4 41.Sc4 d5 42.Sd6? Kf8 43.**
**Kg2 Lc5 44.Sb7** [44.Sc8 d4 -+] **Le7 45.**
**Lg3 Ke8 46.Lc7 d4! -+ 47.Kf3 d3 48.**
**Ke3** [48.Sd6 Kd7; 48.Lf4 Kd7] **Lb4! 49.**
**f3 d2 50.Ke2 Lc2 0:1** (Anand)

**86**
Spanische Partie (C 92)
**Anand - Speelman**
Thessaloniki 1988

**1.e4 e5 2.Sf3 Sc6 3.Lb5 a6 4.La4 Sf6 5.**
**0-0 Le7 6.Te1 b5 7.Lb3 d6 8.c3 0-0 9.**

[30...Le4 31.De4 Df5 (31...Dh3 32.hg6)
32.De8 (32.Df5 gf5 33.Sd2 Lc3! -+) Lf8
33.Le7 Db1 (33...Tb1 34.Kg2±) 34.Kg2
Dh1 35.Kg3 Tg1 36.Sg1 Dg1 37.Kf3
Dd1 38.Kg3 =] **31.Sfd2 cd5 32.Dd5 De6**
[32...Le4? 33.De4 Dc1 34.Kg2 Dd2 35.
hg6±] **33.De6 fe6 34.Kh2!** ...

**h3 Sd7 10.d4 Lf6 11.a4 Lb7 12.ab5 ab5
13.Ta8 Da8 14.d5 Se7 15.Sa3 La6 16.
Sh2! g6 17.Lc2 Db7** [17...Lg7 18.Ld3
Db7 19.De2 Tb8 20.Sg4±] **18.b4 Lg7?**
[18...c6 19.dc6 Dc6 20.c4 bc4 21.b5
Lb5 22.Sb5 Db5 23.La4 Db7 24.Dd6;
18...Sb6!?±]

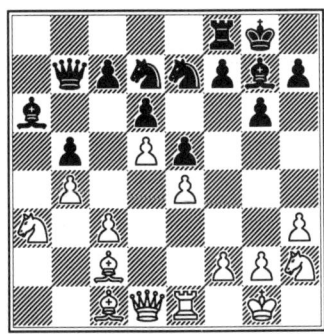

**19.c4!± Td8 20.Lg5! f6 21.cb5 fg5 22.
Ld3!** [22.ba6?! Db4] **Tf8 23.Dd2! Sb8
24.ba6** [24.Sf3!?] **Sa6 25.Tb1 Da7 26.
Sb5 Db6 27.Sf3 Lf6 28.Ta1** [△ Sd6] **Sb8**
[28...Sd5? 29.Lc4 +-] **29.Ta2!** [X f2] **h6
30.Dc3?!** [30.g3±; 30.g4±] **c6 31.dc6**
[31.Sd6! cd5 32.Dc5±] **Sbc6 32.Ta4 h5
33.Lc4 Kg7 34.Da3** [34.De3!±] **g4 35.
Ta6 Db7 36.hg4 hg4 37.Sh2 g3! 38.fg3
Sb4 39.Td6! De4!?** [39...Sbc6 40.Dc5±]
**40.Db4 Lg5?** [40...De3! 41.Kh1 (41.
Kf1? e4! -+) Dc1 (41...Th8? 42.Tf6 +-)
42.Lf1 (42.Sf1?! Lg5!? 43.Dc3 Tf1 44.
Lf1 Df1 45.Kh2 Db5∓) Th8! 43.Tf6! Kf6
44.Dc4 Dh6 45.Dh4 =] **41.Td7! Kh6 42.
Td1?!** [42.Sd6! De3 43.Kh1 Dc1 44.Sf1
Tf1 45.Lf1 Df1 46.Kh2 +-] **Le3 43.Kh1
Tf2!**

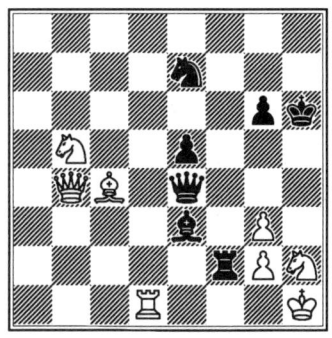

**44.Sf3 Tf3** [44...Sf5 45.Df8 Kh5 46.Dh8
Lh6 47.De5! Dc4 48.Sbd4 +-] **45.De7
Tf5** [45...Tg3 46.Df8 Kg5 47.Dd8 Kh6
48.Dh8 Kg5 49.Ld5!±] **46.Le2 Tf2 47.
Tg1! Lg6** [47...Te2 48.Sc3?! Dg4 49.
Se2 De2 50.De5 Dh5 51.Dh5 Kh5 52.Tf1
Ld4 (△ Kh6-g7 =) 53.Tf7±; 48.Sd6! +-]
**48.Sc3?** [48.Lf3! De3 (48...Tf3 49.gf3
Df3 50.Tg2 Df1 51.Kh2 Db5 52.g4 +-)
49.Df8 Kg5 50.Sd6! (50.Td1±) Tf3 51.
Se4!! +-] **Dd4! 49.g4??** [49.Sb5 De3]
**Tf7! = 50.Db4 Kg7 51.Tc1 Tf8 52.Td1!
Dc3** [53.g5?? Th8 54.Td7 Kg8 55.Lc4
Dc4 -+; 53.Td7 Tf7 54.Tf7 Kf7 55.Dh7
Kf6 56.g5 Kg5 57.De7 Kf4 58.Df6 =] **re-
mis** (Anand)

**87**
Spanische Partie (C 82)
**Anand - Torre**
Thessaloniki 1988

**1.e4 e5 2.Sf3 Sc6 3.Lb5 a6 4.La4 Sf6 5.
0-0 Se4 6.d4 b5 7.Lb3 d5 8.de5 Le6 9.
Sbd2 Sc5 10.c3 Le7 11.Lc2 Lg4 12.
Te1 Lh5** [12...Dd7 13.Sf1 Td8 14.Se3
Lh5 15.b4 Se4 16.g4! Lg6 17.Sf5 0-0
(17...h5?! 18.h3 hg4 19.hg4 △ Kg2,
Th1±) 18.a4 Tfe8 19.ab5 ab5 20.Ld3
Tb8 (20...Sb8 21.Ta7!± De2 X b5 Sa-
grebelny) 21.De2 Sd8 22.Ta7! ± Sagre-
belny - Newerow, Barnaul 1988] **13.Sf1**

**0-0 14.Sg3 Lg6 15.Le3 Dd7 16.h4 Tad8 17.h5 Lc2 18.Dc2 Se6 19.Tad1 f6 20. ef6 Lf6 21.h6! g6**

**22.Se4 Df7 23.Seg5** [23.Sf6 Df6 24.a4! a) 24...Df5 (△25.Db3 Sa5 26.Da2 Sc4 27.Lc1 Dc2! mit Gegenspiel) 25.De2! ±; b) 24...ba4 25.Da4 Td6!±] **Sg5 24.Sg5 Lg5 25.Lg5 Td7 26.De2** [26.Td3 Df5 27. Dd2 Se5 28.Tg3 (△ 28...Sc4 29.Dd4±) c5! ∞; 26.Te3! Df5 27.Df5 Tf5 (27...gf5 28.Te6±) a) 28.Te8 Kf7 (28...Tf8 29.Te6±) 29.Th8 (△29...Tg5 30.Th7 Ke6 31.Td7 Kd7 32.h7 +-) Ke6!∞; b) 28. f4! Td6 (28...Kf7 29.g4) 29.g4! (29. Ted3!? d4! 30.cd4 Tfd5!∞) Tf7 30.Te8 Tf8 31.Tde1±] **26...d4 27.De6** [27.Td3?! Da2!±] **Td6 28.Df7 Tf7 29.cd4 Sd4** [29. ...Td4 30.Tc1±] **30.Te8 Tf8 31.Tde1! Td7 32.T1e7 Te7 33.Te7 Tf7 34.Te4! Sf5 35.Te6 Sd6 36.Le7?!** [36.Ld8!±] **Sf5 37.Lc5** [△37.Lg5 Sd6 38.Ld8] **Td7** [37. ...Sh6? 38.Te8] **38.Ta6 Sh6 remis** (Anand)

**88**
Französische Verteidigung (C 05)
**Anand - Mariotti**
Thessaloniki 1988

**1.e4 e6 2.d4 d5 3.Sd2 Sf6 4.e5 Se4 5.Ld3 f5!? 6.ef6 Sf6 7.Sgf3 Ld6** [7...c5!] **8.0-0 0-0 9.Te1 c5 10.dc5 Lc5 11.Sb3 Lb6** [11...Lf2!? 12.Kf2 Db6 13.Ke2

(13.Sbd4 Sc6; 13.Kf1 Sg4; 13.Te3 e5) Sg4 (13...e5 14.Le3! d4 15.Sbd4! ed4 16.Lc4 Kh8 17.Dd4±) 14.Dd2! (14. Kd2?! e5! ∞ 15.h3 Sf2!, 15.Se5 Tf2) e5 15.h3 ±] **12.Sbd4 Sc6! 13.c3 Dd6 14. Le3!** ± **Sd4** [14...Sg4? 15.Lh7!] **15.Ld4 Ld4 16.cd4 Ld7 17.Se5?!** [17.Dd2±] **Db6! 18.Dd2 Le8** [18...Lb5!? 18.Lc2 Tac8 mit Gegenspiel] **19.Tac1 Sd7 20. Sf3 Tf6 21.a4! Lh5** [21...a5 22.Lb5±] **22.a5 Dd8** [22...Dd6 23.Se5±] **23.Se5 Se5 24.Te5 Lg6 25.Le2! Tc8** [25...Lf5±] **26.Lg4 Tc1 27.Dc1 Lf5!?** [27...Lf7 28. Dc5 b6 (28...a6±) 29.ab6 ab6 30.Dc6±] **28.Lf5 Tf5** [28...ef5±] **29.Te6 Da5 30. Te8 Tf8** [30...Kf7 31.Tb8 mit Angriff]

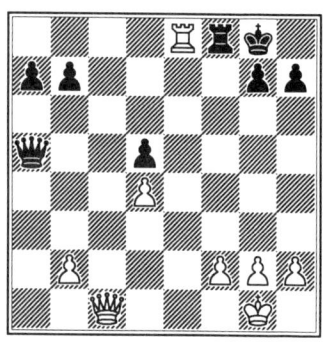

**31.Tf8 Kf8 32.Dc8 Ke7 33.Db7 Kf6 34. Dc6 Ke7 35.Dc1 Db4 36.De3 Kf7 37.b3 a5 38.g4?** [38.h3! +-] **a4 39.ba4 Da4 40. Kg2±** [40.Df3 Ke7 41.Dd5 Dd1 =] **Da2 41.De5 h6 42.h4 Db3 43.Dc7 Kg8 44. Dc8 Kf7 45.Dd7 Kf6 46.Dc6?!** [46.Dd6 Kf7 47.g5 hg5 48.hg5 +-] **Ke7 47.g5?** hg5 48.hg5 Dd1! 49.Dc7 Ke8 50.De5 Kf8 51.Df4 Ke7 52.g6 Dh5??** [52...Kd7!! 53.Kg3! (53.Df7 Kc6 54.De6 Kc7 55.De7 Kb6 56.Dc5 Ka6 57.Dc6 Ka7∞) Dg1 54.Kh4! Kc6 (54...Dg6 55.Dg4 +-) 55. Kh5 ± △ 55...Kb5 56.Db8 Kc4 57.Dc7 Kd3! 58.Dg7 Dh2 59.Kg5 Dg2 60.Kf6 Df2 61.Ke7 +-] **53.De5! +- De5 54.de5 Ke6 55.f4 Kf5 56.Kf3 Kg6 57.Ke3** [57. ...Kf5 58.Kd4 Ke6 59.f5 +-] **1:0** (Anand)

**89**
Aljechin-Verteidigung (B 05)
**Anand - Schmidt**
Thessaloniki 1988

**1.e4 Sf6 2.e5 Sd5 3.d4 d6 4.Sf3 Lg4 5. Le2 e6 6.0-0 Le7 7.c4 Sb6 8.Sc3 0-0 9. Le3 S8d7 10.ed6 cd6 11.b3 d5** [11...Df6] **12.c5 Sc8 13.b4 Lf6 14.h3 Lf3** [14...Lh5 15.Sh2!±] **15.Lf3 a5 16.a3 ab4** [16...Se7 17.Sb5 (17.Lg4?! ab4 18. ab4 Sc6 20.Sa2) Sf5 18.Lg4±] **17.ab4 Ta1 18.Da1 Se7**

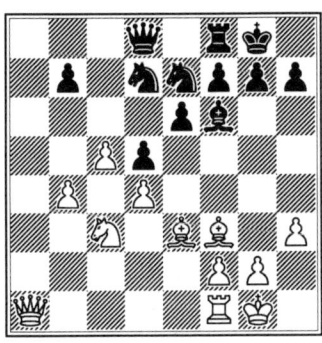

**19.Da7!? b6** [19...Db8 20.Da4±; 19. ...Da8 20.Ta1±] **20.Sb5 Sc6?** [20...bc5! 21.dc5 Sc6 22.Db7 (22.Da4 Da8 mit Gegenspiel) Sb4!? (22...Dc8? 23.Dc8 Tc8 24.Sd6±) 23.c6 Sc6 24.Dc6 Se5±; 22. ...Sde5 mit Gegenspiel; 21.bc5±] **21. Db7! Dc8 22.Dc8 Tc8 23.Sd6!± Tc7 24.Se8!** [24.b5? Sd4 25.c6 Sc6? 26. Tc1±; 25...Sb5! =] **Tc8**

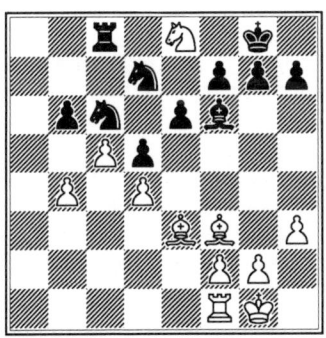

**25.Sf6 gf6 26.Tb1!** [26.b5?! Sd4 27.Ld4 (27.c6 Sc6) bc5∞] **f5 27.Le2! f4 28.La6! Tc7! 29.Lf4 Ta7 30.Lc8!** [30.Lf1!? Sd4 31.cb6 (31.Le3? bc5) Sb6 32.Le3 e5 33. Ld4 ed4 34.Td1±] **Sd4 31.Le3 bc5 32. bc5 Sc6 33.Lb7! +- d4 34.Lh6 Se7 35. c6 Sc5 36.Tb5 Se4 37.c7 Sd6 38.Tg5 Sg6 39.c8D Sc8 40.Lc8 Tc7 La6 f5 42. Tg3 Kf7 43.Td3 e5 44.Tb3 Ke6 45.Tb7 Tc6 46.Lb5 Tc5 47.Ld7 Kd5 48.Lf5 e4 49.Th7 Se5 50.Th8 Sc4 51.Td8 Ke5 52. g4 1:0** (Anand)

**90**
Sizilianisch (B 81)
**Anand - Sax**
Reggio Emilia 1988/89

**1.e4 c5 2.Sf3 e6 3.d4 cd4 4.Sd4 Sf6 5. Sc3 d6 6.g4 h6 7.Tg1 Sc6 8.Le3 g5 9. Dd2 Sd7 10.0-0-0 Sde5 11.Le2 a6 12. h4 Le7** [12...Tg8?! 13.hg5 hg5 14.Sf5! ef5 15.Sd5 Sd7 16.gf5⩱] **13.hg5 hg5 14. Th1 Tg8 15.Th7± Ld7** [15...b5 16.Sc6 Sc6 17.Sd5! ed5 18.Dd5 Lb7 19.e5! +-] **16.Tdh1 Sd4 17.Ld4 Dc7 18.De3 Dc6 19.Kb1 0-0-0 20.Le5 de5 21.Tf7 Lc5**

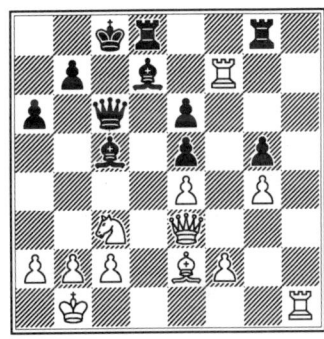

**22.Dg3 Ld4 23.Thh7 Tgf8 24.Df3! Dd6 25.a3 Lc6 26.Lc4± Kb8 27.Dd3** [27. Le6? Tf7 28.Lf7 Lc3 mit Angriff] **b5 28. Lb3 Tf7 29.Tf7 Th8 30. Ka2!** [30.Se2?! Th1 31.Ka2?? Ta1 -+ △ Da3] **Le8 31.Tf6**

Ld7 32.Se2 De7 33.Df3 Lc5 34.Tf7 Dd6
35.Df6 Tc8 36.Sc1! a5? [Zeitnot] 37.
Sd3! +- Ld4 38.De7 De7 39.Te7 Lc6
40.f3 Tf8 41.Te6 Kc7 42.Se5 Le5 43.
Te5 Tf3 44.Tg5 Tg3 45.Ld5 Ld7 46.e5
Te3 47.e6 Le8 48.Tg8 Kd6 49.Te8 Kd5
50.e7 1:0 (Anand)


**91**
Katalanisch (E 04)
**Georgiew - Anand**
Wijk aan Zee 1989

1.d4 Sf6 2.c4 e6 3.g3 d5 4.Lg2 dc4 5.
Sf3 Ld7 6.Se5 Lc6 7.Sc6 Sc6 8.0-0 Dd7
9.e3 Tb8 10.De2 b5 11.a4 a6 12.ab5
ab5 13.b3 cb3 14.Sd2 Le7 15.Sb3 0-0
16.Ld2! [16.Lb2] Tfc8 17.Tfc1 Sd5 18.
Sc5? [18.h4! ± △ h5-h6, 18...Scb4 19.
Ta5] Lc5 19.Tc5 Sce7 = 20.Ta7 Sc6 21.
Ta6 Sce7 22.h4?! [22.Ta7 =] c6 23.h5
h6 24.e4 Sb6 25.Dg4 Kh8 26.Tc1 Sc4
27.Lc3 f5!∓ 28.De2 [28.Df4 fe4 29.d5
Sd5! 30.Dh6 Kg8 31.Lg7 Dg7 32.De6
Df7 33.Tc6 ∓] 28...fe4 29.Le4 Sd5 30.
Lb1 Ta8 31.Ta8 Ta8 32.Le1

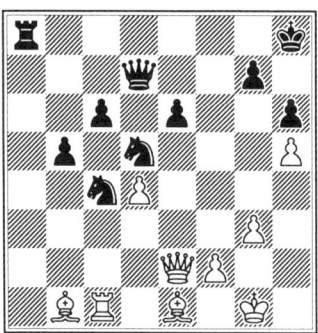

32...Sf6 33.Td1 Dd5 34.Lg6 Sd6?! 35.
De5! Sc4 36.De2 Td8! 37.Td3 Sd6 38.
Lb4 [38.De5 Sf5 ∓] Sf5 39.Lc5 Se4!∓
40.Lf5?! [40.Lb6 Ta8∓] ef5 -+ 41.Lb6
Ta8 42.Df1 Ta2 43.f4 b4 44.De1 Sf6 0:1
(Anand)

**92**
Sizilianisch (B 63)
**Anand - Benjamin**
Wijk aan Zee 1989

1.e4 c5 2.Sf3 d6 3.d4 cd4 4.Sd4 Sf6
5.Sc3 Sc6 6.Lg5 e6 7.Dd2 Le7 8.0-0-0
0-0 9.Sb3 Db6 10.f3 Td8 11.Kb1 d5?
[11...a6 12.h4 d5 13.ed5 Sd5 14.Sd5
Td5 15.Ld3±] **12.Lf6! de4?** [12...Lf6 13.
ed5 Lc3 14.Dc3 ed5 15.Ld3±; 15.Dc5±]

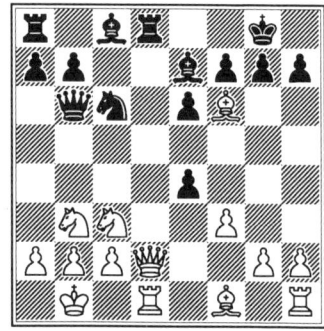

**13.Le7! Td2 14.Sd2 +-** ef3 [14...Se7 15.
Sc4 Dc7 16.Sb5] **15.gf3?!** [15.Sc4! Dc7
(15...Df2 16.Se4) 16.Ld6 fg2 17.Lg2
Dd8 18.Lg3 De7 19.The1] **e5 16.Lh4** [△
16.La3±] **Le6 17.Sde4** [17.Lc4? Lc4 18.
Sc4 Db4] **Sd4 18.Lg2?!** [18.Lf2±] **Tc8
19.Lf2 f5! 20.f4** [20.Sg5? Tc3! 21.Se6
De6 22.Ld4 (22.bc3 Db6 -+) ed4 23.bc3
dc3 24.Ka1 De2! (24...Db6 25.Tb1 Df2
26.Lf1 Dc2 27.Lc4 Tb7 +-) 25.Thg1 Dc2
26.Tb1 Dd2 27.a3∓] **20...fe4 21.fe5 Tc4**
[△ 21...Td8! a) 22.Se2? La2∓; b) 22.
The1?! Lg4! 23.Td2 Dh6! 24.Le3 (24.Td4
Td4 25.Ld4 Dd2∓) Dh4 25.Lf2 =; c) 22.
Td2! Lf5 (22...Sb3? 23.ab3 +-) 23.
Le3!±] **22.The1** [22.Se2! Ta4 (22...Db2
23.Kb2 Tc2 24.Ka1 Se2 25.Le1 +-) 23.
b3! Ta2 (23...Lb3 24.ab3 +-) 24.Ld4 +-]
**22...Tb4!? 23.Kc1** [23.b3! Lb3 24.ab3
Tb3 25.Kc1± Benjamin] **Lg4? 24.Sd5
Dc5 25.Sb4 Ld1 26.Kd1!** [26.Td1? Se2]
**e3** [26...Db4 27.Te4 +-] **27.Te3 Sf5 28.**

**Ld5!** [28.Tf3 Db4 29.Tf5 Dg4] **Kf8** [28.
...Kh8 29.Tc3 +-] **29.Tf3 Db4 30.Tf5
Ke8 31.e6 1:0** (Anand)

## 93
Caro-Kann (B 13)
**Anand - Miles**
Wijk aan Zee 1989

**1.e4 c6 2.d4 d5 3.ed5 cd5 4.c4 Sf6 5.
Sc3 Sc6 6.Sf3 Le6!? 7.c5** [7.cd5 Ld5 8.
Sd5 Dd5 9.Le2 e6 =; 9...g6 =; 7.Lg5 Se4!
8.Se4 de4 9.d5 ef3 10.de6 Da5 11.Dd2
De5 12.Le3 De6 13.gf3 g6 =] **g6** [7.
...Lg4 8.Lb5±; 7...a6!? 8.h3±] **8.Lb5!
Lg7 9.Se5 Ld7 10.Lc6 bc6 11.0-0 0-0
12.Te1 Le8! 13.h3 Kh8 14.Lf4 Sg8 15.
b4 f6** [15...a5!? 16.Tb1 ab4 (16...f6 17.
Sc6!? Lc6 18.b5≋) 17.Tb4 f6 18.Sf3∞;
16.a3! △ Sa4-b6±] **16.Sf3 Dd7 17.a4 a6
18.Lh2 g5! 19.De2 h5!? 20.De6 De6 21.
Te6 Lh6** [21...Sh6!? 22.Td1! (22.Te7?
Sf5 23.Tee1 g4∓) Tf7 (22...Sf5 23.g4
hg4 24.hg4 Sh6 25.Te7 Sg4 26.Ld6±)
23.b5 ab5 24.ab5 cb5 25.Sb5±; 21.
...Ld7 22.Tee1 e6] **22.Sd2 Ld7 23.
Tee1!?** [23.Te2 g4 24.h4 Lf5 25.Sd3 Ld3
26.Tb2±; 24...e6±] **g4 24.Sb3 e6?!** [24.
...gh3 25.b5 ab5 26.ab5 cb5 (26...Ta1
27.Ta1 cb5 28.Ta7 Td8 29.Tb7±) 27.
Sd5! Ta1 28.Sa1±]

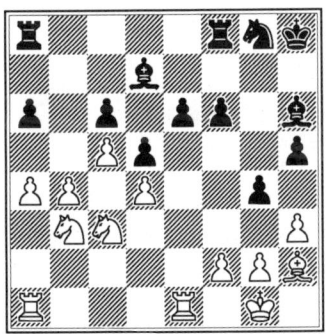

**25.hg4 hg4 26.Te2! Se7** [26...Kg7 27.

Tea2±] **27.Ld6 Tfe8 28.Le7 Te7 29.b5
ab5 30.ab5 Ta1 31.Sa1 ab5 32.Sd5 Tf7
33.Sb6 e5 34.d5 Lf5 35.Ta2!** [35.Sb3?
Ta7! mit Gegenspiel] **Lf8 36.Sb3 Tb7
37.Ta6 Kg7 38.d6 Tf7 39.Sa5 b4 40.
Sbc4 Ld3 41.Tb6 Ta7 42.c6 Ta8 43.c7
Lf5 44.Tb8 Ta6 45.Se3! Le6 46.Te8 1:0**
(Anand)

## 94
Spanische Partie (C 95)
**Anand - Spasski**
Cannes 1989

**1.e4 e5 2.Sf3 Sc6 3.Lb5 a6 4.La4 Sf6 5.
0-0 Le7 6.Te1 b5 7.Lb3 d6 8.c3 0-0 9.
h3 Sb8 10.d4 Sbd7 11.c4 c6 12.a3 bc4
13.Lc4 d5?** [13...Se4! 14.Te4 (14.de5?
d5 15.Ld5 cd5 16.Dd5 Tb8 17.De4 Sc5
=) d5 15.Se5! (Spasski; 15.Te1 dc4
16.De2 Te8 =) de4 16.Sc6 De8 17.Ld5
Ld6 18.Se7 De7 19.La8 Sb6 20.Lc6
Lc7∞] **14.ed5! cd5 15.La2 e4 16.Se5
Lb7 17.Sc3 Sb6 18.f3 Tc8 19.Lb3?!** [19.
Lg5 △ 19...La3 20.ba3 Tc3 21.Ld2!±]
**La8 20.Lg5 Tc7** [20...ef3 21.Df3 Sc4 =]
**21.Tc1 Sfd7 22.Lf4! Lg5 23.Lg5 Dg5
24.fe4 de4 25.Dg4 Dg4 26.Sg4 g6?** [26.
...Kh8 27.Se3 f5±] **27.Sf2! ± Te8**

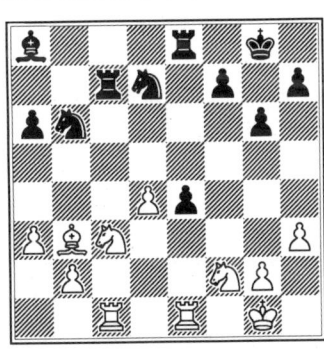

**28.d5 Kg7 29.Sfe4 Sd5 30.Sd6 Te1 31.
Te1 S5f6 32.Te7 Tc6 33.Tf7 Kh6 34.
Sc4 Te6! ± 35.Kf2 Kg5 36.Lc2 Lc6 37.**

Sd2 h5 38.Sb3 Se5! 39.Ta7 Seg4 40. hg4 Sg4 41.Kf1 Se3 42.Kg1 Sc2 43. Ta6 Ld7 44.Te6? [44.Ta5! △ Td5-d2±] Le6 45.Sc5 Lc4! ± 46.a4 Kf4? [46...Kf5 47.a5 Sb4 48.b3 Lf7 49.Sd3 Sd3 (49. ...Sa6 50.b4 Lc4 51.Sb2±) 50.a6 Le8 51.Sd5 Ke6 52.Sc7 Kd6 53.Se8 Kc6 =; 47.Kf2 ±] 47.a5 Sb4 48.b3 Lf7 49.Sd3!! [49.a6?? Sa6 =] Sd3 50.a6 Le8 51.Sd5 [51...Ke5 52.Se7 +-] 1:0 (Anand)

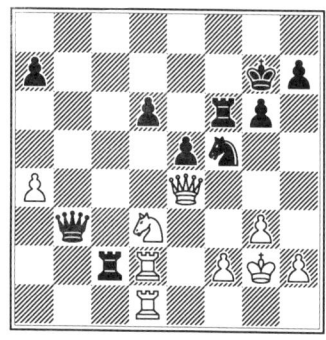

95
Englische Eröffnung (A 35)
**Tal - Anand**
Cannes 1989

1.c4 c5 2.Sf3 Sc6 3.Sc3 Sd4!? 4.e3 Sf3 5.Df3 g6 6.b3 [6.d4! Lg7 7.dc5 Da5 ∞; 7...Lc3!?] Lg7 7.Lb2 d6 8.g3 Tb8 9.Lg2 Sh6!? 10.Dd1 0-0 11.0-0 Ld7 12.a4?! Lc6 13.d4 Lg2 14.Kg2 Tc8 15.Dd3? [15.d5! ± Tal] cd4! 16.ed4 Sf5 17.d5 [17. Se2 d5 18.c5 a5∓; 17.Sd5! e6 18.Se3 =] Db6 18.Sd1 Lb2 19.Sb2

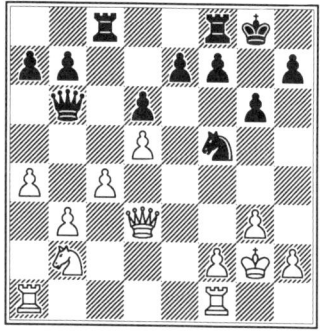

19...e5! 20.de6 fe6 21.Tad1 Tf6! [f-Linie] 22.Td2 e5 23.Dd5 Kg7 24.Db5 Dc7 25.c5 Dc5 26.Db7 Tc7 27.Dd5 Db4 28. Tfd1 Tc5 [X b3; △ 29.Sd3? Se3! -+] 29. Da8 Db3 30.Sd3 Tc2 31.De4

31...Tc4! 32.Dd5 Dc3 33.Tb2 Td4 34. Tb7 Kh6 35.Db5 [35.Dg8 Dc6 -+] Se3! 36.Kg1 [36.fe3 Dc2 37.Kh3 Th4! 38.gh4 Tf3 39.Kg4 Dg2 Matt] Dc2! 37.Tf1 Td3 [38.Dd7 Df2!] 0:1 (Anand)

96
Sizilianisch (B 81)
**Anand - Ye Jiangchvan**
Kuala Lumpur 1989

1.e4 c5 2.Sf3 e6 3.d4 cd4 4.Sd4 Sf6 5. Sc3 d6 6.g4 h6 7.Tg1 Sc6 8.h4 h5 9.gh5 Sh5 10.Lg5 Sf6 11.Le2 a6 12.h5 Ld7 13.Dd2 Le7 14.0-0-0 Dc7? 15.h6! ± gh6 [15...g6 16.Df4 Sd4 (16...e5 17.Lf6! ef4 18.Lh8 +-) 17.Lf6 Se2 18.Se2 ±] 16. Lf6! Lf6

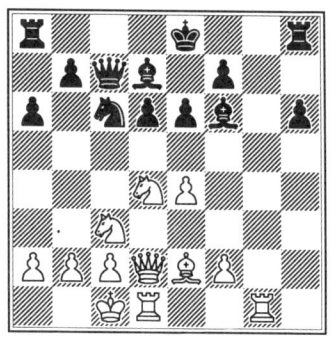

17.Sf5!! Le7 [17...Le5 18.f4 +-; 17...ef5

18.Sd5 Dd8 19.Dh6! +-; 17...0-0-0 18.
Sd6 Kb8 19.Sf7 Lc3 20.bc3! +-] 18.Se7
Ke7?! [18...Se7 19.Tg7 (19.Lh5 Dc5 20.
Dd6 Dd6 21.Td6 ±) Dc5 20.f4 Sg6 21.e5
Kf8 22.Tg6 fg6 23.Se4 Dd5 24.De3 Da2
25.Td6 Da1 26.Kd2 Da5 27.c3 Dc7 28.
Dd4! Td8 29.Sc5 Ke7 30.f5! ef5 31.Tg6
Le8 32.Te6 Kf8 33.Td6! +-] 19.Tg3 b5
20.Df4 Tad8 [20...b4 21.e5! de5 22.Dh4
Ke8 23.Df6 (23.Lh5? Dd8! 24.Lf7 Kf8!∞)
Tf8 24.Lh5 Lc8 25.Se4 Sd4 26.Lf7! +-]
21.Dh4 Ke8

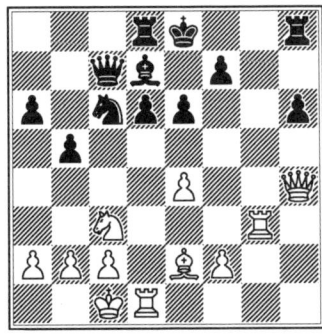

22.Lb5! Se5 23.Le2 Dc5 24.Lh5 Tf8 25.
f4 Sc6 26.e5 d5 27.Lf7! Tf7 28.Tg8 Df8
29.Tf8 Tf8 30.Dh5 Ke7 31.Dh6 1:0
(Anand)

97
Aljechin-Verteidigung (B 04)
**Anand - Suba**
Palma de Mallorca 1989

1.e4 Sf6 2.e5 Sd5 3.d4 d6 4.Sf3 c6 5.c4
Sc7 6.h3! de5 [6...g6] 7.Se5 Sd7 8.Sf3
g6 9.Sc3 Lg7 10.Le2 0-0 11.Lf4 Se6 12.
Le3 Dc7 13.Dc1 [13.Dd2 Td8] c5
14.dc5 Sdc5 15.0-0 Lc3 16.Dc3 Sf4
17.Ld1 [17. Tfe1!? Se2 18.Te2±] f6?!
[17...Td8 18. Sd4 De5∞; 17...Scd3!?
18.Se1±] 18. Sd4! a6

19.Lf3! g5 [19...e5? 20.Lf4 ef4 21.b4 +-]
20.Tad1 [20.b4 Scd3 21.Tfd1 Se5
22.Lf4 Sf3 23.Df3 gf4∞] e5 Sb3 Sa4?!
[21...Sb3 22.ab3 f5 23.Lf4 gf4 24. Ld5
Kg7 26.Tfe1 ±; 21...Sce6 22.Tfe1±]
22.Dc2 Le6 [22...Ld7 23.Sa5!±] 23.Sd2
Sc5 [23...Sb6 24.Se4! (24.b3?! f5! mit
Gegenspiel) Dc4 25.Dc4 Sc4 26.b3!±]
24.Lf4! gf4 [24...ef4 25.Tfe1±] 25.b4
Sd7 26.Se4 ± Tad8 27.c5? [27.Td6 Lf5
(27...Tfe8? 28.Td7 +-; 27...Lc4 28.Tfd1
b5 29.Dd2 +-; 28.Dd2 +-) 28.Tfd1±]
Kg7?! [27...Sb8!? 28.Td8 Dd8 29.Sd6
Sc6 30. Sb7 Dc7 31.Lc6 Dc6 32.Sd6
f3!? mit Gegenspiel] 28.Td6 Lf5 29.
Tfd1 [29. Dd2! △ 29...Sb8 30.Sf6! +-]
Sb8 30.De2 Sc6 31.Lg4 Dc8 32.Sf6 Tf6
33.Lf5 Df5 [33...Tf5 34.Dg4 +-] 34.Td8
Sd8 35.Td8 Kg7 36.f3 +- Kf7 37.Kh2
Te6? 38.Td7 Ke8 [38...Te7 39.Te7 Ke7
40.De4! De4 41.fe4 Kd7 42.g4! fg3
43.Kg3 Kc6 44. Kg4 Kb5 45.Kf5 +-]
39.Tb7 e4 40.fe4 De5 41.Df3 h6
[41...Tg6 42.Th7] 42.Tb6 Tb6 43.cb6
Ke7 44.a4 Dd6 45.a5 De5 46.b5 ab5
47.a6 b4 48.a7 Da5 49.e5 1:0 (Anand)

98
Französische Verteidigung (C 02)
**Anand - Rogers**
Manila 1990

1.e4 e6 2.d4 d5 3.e5 b6 4.Lb5+ Ld7 5.
Ld3 c5 6.c3 Sc6 7.Sf3 f6 8.0-0 fe 9.de
Dc7 10.Te1 Sh6 11.c4 d4 12.Sa3 a6 13.
Le4 0-0-0 14.Sc2 Sf7 15.Lf4 Le7 16.b4
g5 17.Lg3 g4 18.Sd2 Sce5 19.a4 cb 20.
a5 ba 21.Sd4 Lc5 22.S4b3 a4 23.Sc5
Dc5 24.Lc2 a5 25.Se4 Dc7 26.La4 Lc6
27.Dc2 Lb7 28.c5 Td5 29.Lb3 Thd8 30.
Tac1 Dc6 31.La4 Dc7 32.Sd6+ T8d6
33.cd Dc2 34.Tc2 Kb8 35.Lb3 Td6 36.
Te5 1:0

Sizilianisch (B 47)
**Anand - Lautier**
Manila 1990

1.e4 c5 2.Sf3 e6 3.d4 cd 4.Sd4 Sc6 5.
Sc3 Dc7 6.Le2 a6 7.f4 Sd4 8.Dd4 b5 9.
a3 Lb7 10.b4 Tc8 11.Ld2 Le7 12.0-0 d6
13.Tae1 Sf6 14.e5 de 15.fe Sd7 16.Df4
0-0 17.Ld3 Sb6 18.Dg4 g6 19.Se4 Sc4
20.Lc4 Le4 21.Te4 bc

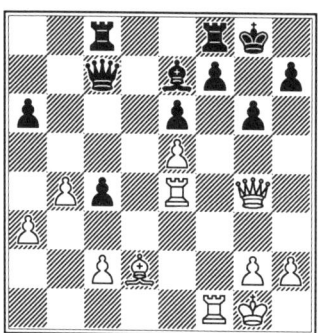

22.Lh6 Tfd8 23.Df4 Lf8 24.Lf8 Tf8 25.
Dh6 Tcd8 26.h3 Td5 27.Th4 f5 28.ef
Tf5 29.Tf5 ef 30.Df4 Df4 31.Tf4 Tc8 32.

Td4 Kf7 33.Td6 Te8 34.Tc6 Te3 35.Ta6
Tc3 36.Tc6 Tc2 37.a4 c3 38.b5 Ta2 39.
Tc3 Ta4 40.Tb3 Ta7 41.b6 Tb7 42.Kf2
Kf6 43.Ke3 Ke5 44.h4 h6 45.h5 gh 46.
g3 h4 47.gh Kf6 48.Kf4 Ke6 49.Tb4 Kf6
50.h5 Tg7 51.Tb1 Tb7 52.Tg1 Kf7 53.
Tg6 Td7 54.Th6 Td4+ 55.Kf5 Td5+ 56.
Ke4 Tb5 57.Th7+ 1:0

Moderne Verteidigung gegen 1.d4 (A 41)
**Miles - Anand**
Manila 1990

1.Sf3 d6 2.d4 Lg4 3.c4 Sd7 4.Sc3 e5 5.
e3 Le7 6.Le2 Sgf6 7.h3 Lh5 8.b3 c6 9.
d5 0-0 10.dc bc 11.0-0 Sc5 12.La3 Da5
13.Lb2 Db6 14.Tb1 Lg6 15.Tc1 a5 16.
La3 Sfe4 17.Se4 Le4 18.Se1 Tfd8 19.
Sd3 Lg6 20.Sc5 dc 21.De1 a4 22.Tc3
e4 23.ba Ta4 24.Dc1 Da6 25.Td1 Ta8
26.Lb2 Ta2 27.Tb3 Lf5 28.Db1 Dc8 29.
Lf1 h5 30.Le2 Lg6 31.Td2 Lf6 32.Dd1
Df5 33.Lf1 Kh7

34.Lf6 Df6 35.De2 Ta1 36.Tbb2 Dc3 37.Tbc2
Dd3 38.Tb2 De2 39.Te2 Lf5 40.Tec2 0:1

# DIE GROSSE SERIE DER SCHACH-TESTBÜCHER

Der Erfolg in einer Schachpartie hängt in der Regel hauptsächlich davon ab, daß man kritische Stellungen erkennt und in diesen entscheidenden Positionen die richtige Wahl trifft. Anhand dieser Testbücher kann jeder Schachfreund sein taktisches Geschick, sein kombinatorisches Sehvermögen und seine analytischen Fähigkeiten prüfen. Diese Tests sind auch deswegen als Training besonders geeignet, weil sie frei von Wettkampfstreß und Turnierhektik durchgeführt und zur Steigerung der persönlichen Spielstärke genutzt werden können. Wer in Schlüsselstellungen die jeweils beste Fortsetzung zu finden vermag, wird dieses Wissen auch in die Praxis umsetzen und damit zählbare Spielerfolge erringen können.

## Weitere Bände folgen.

**NEUERSCHEINUNG 1992**

---

Jerzy Konikowski
Pit Schulenburg

## Testbuch des Endspielwissens

Beyer Verlag

**Testbuch des Endspielwissens**
164 Seiten – 140 Diagramme
2. Auflage 1992
**Best.-Nr.: 103-7**

---

Lothar Nikolaiczuk

## Testbuch der Schachstrategie

Beyer Verlag

**Testbuch der Schachstrategie**
112 Seiten – 100 Diagramme
2. Auflage 1992
**Bestell-Nr.: 104-5**

---

Gerd Treppner

## Testbuch der Eröffnungsfallen

Beyer Verlag

**Testbuch der Eröffnungsfallen**
128 Seiten – 120 Diagramme
2. Auflage 1992
**Best.-Nr. 105-3**

---

Bernd Feustel

## Testbuch der Schachtaktik

Beyer Verlag

**Testbuch der Schachtaktik**
112 Seiten – 140 Diagramme
2. Auflage 1988
**Best.-Nr.: 100-2**

---

Jerzy Konikowski
Pit Schulenburg

## Testbuch der Endspieltechnik

Beyer Verlag

**Testbuch der Endspieltechnik**
160 Seiten – 140 Diagramme
2. Auflage 1990
**Best.-Nr.: 101-0**

---

Gerd Treppner

## Testbuch des Königsangriffs

Beyer Verlag

**Testbuch des Königsangriffs**
160 Seiten – 120 Diagramme

**Best.-Nr.: 107-X**

---

Gerd Treppner

## Testbuch der Eröffnungstaktik

Beyer Verlag

**Testbuch der Eröffnungstaktik**
136 Seiten - 120 Diagramme

**Best.-Nr.: 109-6**

---

Gerd Treppner

## Testbuch der Mittelspielpraxis

Beyer Verlag

**Testbuch der Mittelspielpraxis**
132 Seiten – 140 Diagramme
2. Auflage 1991
**Best.-Nr.: 102-9**

---

Gerd Treppner

## Testbuch der Abwicklungen und Übergänge

Beyer Verlag

**Testbuch der Abwicklungen und Übergänge**
128 Seiten – 120 Diagramme

**Best.-Nr.: 106-1**

---

Jerzy Konikowski
Pit Schulenburg

## Testbuch der Endspieltaktik

Beyer Verlag

**Testbuch der Endspieltaktik**
120 Seiten – 140 Diagramme
2. Auflage 1988
**Best.-Nr.: 065-0**